JN439417

버리고 또 버리고

현대수필가100인선 · 76

버리고 또 버리고

김성원 수필선

좋은수필사

■ 책머리에

수필은 누구나 부담 없이 읽고, 마음만 먹으면 직접 쓸 수도 있는 가장 친근한 문학이다. 다른 영역의 문학이 영상매체에 밀려 신음하고 있는 중에도 수필 인구만은 날로 증가하여 바야흐로 수필 전성시대를 구가하고 있는 이유도 거기에 있을 것이다.

시대적 추세에 힘입어 수많은 수필전문지, 수필동인지가 창간되고, 이에 비례하여 신진 수필가도 날로 늘어나다 보니 이제는 그 많은 작가, 그 많은 작품 중에서 문학성 높은 작품을 가려 읽는 일이 쉽지 않게 되었다. 이런 현상은 작가에게나 독자에게나 결코 바람직한 일이 아니다. 더 나아가서는 수필을 연구하는 후세들에게도 큰 부담이 될 것이다.

이런 문제를 해결하는 데는 출판인도 마땅히 한몫을 감당해야 한다는 평소의 소신에 따라, 본사가 기꺼이 그 역할을 맡기로 했다. 그 첫 번째 사업으로 시대를 대표할 만한 수필가 100인을 선정하고, 작가가 자선한 40편 내외의 작품을 수록한 문고본을 발간하여 이를 널리 보급함으로써 그 소임을 다하고자 한다.

본사는 사명감을 가지고 이 사업을 추진해 나가기로 했다. 작가 선정을 전담할 편집위원회를 구성하고 전권을 위임하여 일체의 사적인 정실이나 청탁을 배제함으로써 전문성과 공

정성을 확보해 나갈 것이다.

따라서 이 기획물 속에는 작가의 문학정신뿐만 아니라, 본사의 문학사적 기여 의지와 편집위원 제위의 수필문학에 대한 애정과 문인으로서의 양심이 함께 담겨 있음을 자부한다. 다만, 작가를 선정하는 기준에는 많은 견해의 차이가 있을 수 있고, 선정 과정에서도 미처 챙기지 못한 부분이 있을 것이라는 사실만은 인정하지 않을 수 없다. 이 점에 대해서는 관계자 여러분의 양해 있으시기 바란다.

이 시리즈의 발간 순서는 작가, 또는 본사의 사정에 의한 것일 뿐 그 밖의 어떤 기준도 적용하지 않았음을 밝힌다.

본 기획물이 시대를 초월한 많은 수필 애호가들의 관심과 애정 속에 우리나라 수필문학 발전에 한 이정표가 되기를 바랄 뿐이다.

2010년 11월

좋은수필 발행인 서 정 환
현대수필가 100인선 간행 편집위원 박 재 식 최 병 호
정 진 권 강 호 형
변 해 명

| 차례 |

1_부

2_부

3_부

4_부

1부

사육제 작품9를 들으며

10년도 넘게 얼씬도 안 했던 다락 위에 올라갔습니다. 도대체 사람 앞에 몇 채씩의 이부자리가 배당이 되는 것인지, 마치 다락은 이부자리 창고처럼 발디딜 틈이 없습니다. 먼지가 쌓여 있어 제대로 숨을 쉴 수가 없습니다. 코 · 뺨 · 목, 심지어 온몸이 물을 뒤집어 쓴 것처럼 땀이 흘렀습니다.

또 다른 이불 보따리 옆에서 커다란 상자 하나를 발견했습니다. 무엇을 넣어 뒀는지 기억이 나질 않습니다. 오동나무 상자인 걸 보니 대수롭지 않은 내용은 아닌 듯싶습니다. 열십자로 묶은 끈을 풀어보니 상자 가득 카세트 테이프가 들어 있었습니다. 보물섬에서 발견한 보석상자를 만났을 때 이런 기분일까 하고 가슴이 두근거렸습니다. 테이프 하나를 집어들었습니다. 또박또박 쓴 둘째 딸의 글씨로 이렇게 적혀 있습니다.

오 선생님 Lesson
78. 3. 19

하필 작품번호가 9번이란 게 마음이 불편했습니다.

테이프를 끼워 보았더니, 3/4박자로 위풍당당한 포르테시모의 〈서곡〉이 사육제 시작을 알렸습니다. 순간 한참 피아노 레슨 중인 딸이 옆에 앉아 있는 것 같고, 단정히 옆에 서 있는 오 선생님이 보이는 것 같은 착각이 들었습니다. 가슴이 점점 죄이는 것 같아 숨소리가 순조롭지 않았습니다. 목이 아려오는 것인지 바짝 말라들어 오는 것인지, 분간을 할 수 없었습니다.

1978년 8월에 딸이 유학길에 올랐으니, 떠나기 다섯 달 전 선생님의 육성이 담긴 피아노 레슨 테이프였던 것입니다. 익살스런 두 곡이 지나가고 〈고귀한 왈츠〉로 넘어갔습니다. 딸이 한바탕 피아노를 치니, 이 곡은 노래 투성이라는 선생님의 말소리가 들렸습니다. 기침소리도 두어 번 들려왔습니다.

딸이 초등학교 때부터 배워 온 선생님은, 단 한 번도 화장기 없는 얼굴을 못 보았고 매만지지 않는 머리모양도 못 보았습니다. 딸이 미국으로 떠나기 전 콩쿠르를 준비할 때가 있었습니다. 그 무렵 선생님의 시모되는 분이 위독해서 학교도 결근하였습니다. 그날 밤을 못 넘긴다는 의사의 말에도 불구하고 피아노 치는 걸 보아주셨습니다. 한참 레슨을 받고 있는데 전화가 걸려오니, 잠깐만 조용히하라며 피아노 소리가 안 들릴 때

전화를 받기까지 했습니다. 학교도 안 나오면서 레슨한다고 오해하면 어쩌느냐고 웃으셨습니다.

선생님 유학 시절 별명이 '동동동'이었다고 합니다. 힘 좋고 체격 좋은 미국사람들을 따라가려면 한국 사람들은 잘 먹고 빨리빨리 뛰어다녀야 한다면서 얼마나 동동동 뛰어다녔을까 눈에 보였습니다. 그렇게까지 인생을 열심히 살 필요가 있었는지 모르겠습니다.

유학시절 학교 식당에서도 구석에 홀로 앉아 식사한 까닭은 남의 귀한 시간 뺏지 말고 나의 아까운 시간 남으로부터 방해받지 않기 위해서였다다니 가슴이 저려오는 것 같았습니다. 정열이 솟아오르면 레슨 시간이란 게 따로 없었습니다. 신바람이 나면 끝도 없이 레슨 시간이 길어졌습니다. 캄캄한 밤에 딸의 손을 끌고 이 길로 저 골목으로 숨어서 집에서까지 온 적이 한두 번이 아니었습니다. 그 무렵은 통행금지 시간이란 게 있어서, 혹시 파출소로 끌려갈까 봐 꽤나 겁먹은 얼굴이었습니다.

멜로디가 아다지오로 아름답게 들려왔습니다. 7연 음부의 아름다운 노래였습니다. 명상적인 시인의 입장이 될 때 즐겨 쓰던 슈만의 필명 '오이제비우스'가 제목이 된 까닭을 알겠습니다. 가슴속으로 차분히 멜로디가 스며드는가 싶었는데 갑자기 '렌토로 노래가 바뀌었습니다.'하는 선생님 목소리가 섞였습니다. 두어 번 기침 소리도 들려왔습니다.

그날은 선생님이 몹시 행복해 보였습니다. 큰아들이 미국에 있는 명문 하버드 대학에 입학이 됐다면서 들떠 있었습니다. 보여 달라는 부탁도 안 했는데 이태원에서 산 셔츠 보따리를 꺼내 보이며, 어서 가서 내 아들에게도 사주라고 당부까지 했습니다. 처음 사귀는 미국 친구들에게 하나씩 나눠주면 얼마나 좋아하겠느냐고 했습니다. 듣기 민망할 정도로 부군과 아들 자랑을 하였는데, 전에는 한 번도 들어본 일이 없었습니다. 선생님은 상기된 얼굴로 마냥 행복해 보였습니다.

선생님은 3월 15일 한국을 떠났다가 9월 5일에 귀국하겠다고 말하면서, 현관 밖으로 나온 내게 두어 번 손을 흔들었습니다. 왠지 그날 저녁 오렌지빛 드레스를 입고 금빛 샌들을 신었다고 기억하고 싶었습니다.

1983년 9월 1일
KAL 007
소련 전폭기에 의해 269명 참사

오 선생님은 거짓말 아닌 정말로 007 비행기를 탔었습니다.

'캬리나(Chiarina)' 곡으로 레슨이 이어졌습니다. 캬리나는 선생님이라고 믿고 싶어졌습니다. 제자인 내 딸이 아니고 선생님이 〈쇼팽〉을 연주하기 시작했습니다. 정말 숨이 끊길 것 같은 아름다운 노래였습니다. 선생님의 고운 모습과 뜨거운 가슴이었습니다.

통행금지 시간이 되도록 선생님을 못 살게 굴며 내 딸 욕심만 부리지 말았어야 했습니다. 어느 해인가 반 년 만에 외국에서 돌아온 곤히 잠든 선생님을 깨워 레슨 시간을 내어달라고 괴롭히지 말았어야 했습니다.

단 하루만이라도 실컷 주무시게 해드렸어야만 했습니다. 미국 사람들은 9월 1일이 불길한 날이라고들 하는데, 동동동 하늘나라 갈 길이 하도 바빠 선생님은 생각도 안 나셨던가 봅니다.

1990. ≪수필공원≫ 겨울호

정거장 소묘素描

늘 '고개앞'이라는 정거장에서 5번 버스를 탄다. 승객의 수가 적어 정거장에 머물지 않고 지나치는 버스를 세우느라 한 손을 치켜들 때도 있는 재미있는 정거장이다.

햇볕이 사정없이 내리쬐어 목덜미가 따갑다. 잎사귀 그늘이 어른대는 은행나무 밑에서 버스를 기다리느라 머뭇거린다. 갑자기 수색 쪽에서 덜커덩대며 텅 빈 기차가 달려온다. 7002란 숫자를 가슴에 붙이고 신나게 다가오나 싶더니 어느새 '부산-서울'이란 표지를 옆구리에 찬 채 서울역 쪽으로 쏜살같이 내뺀다.

수색은 기차 백화점이라고 들었다. 가본 일은 없지만 그곳에서 기차를 점검도 하며 수리도 하는 걸로 짐작이 간다. 수색이라는 곳은 40년 전 9·28 수복 후 막내 이모의 아홉 살과

다섯 살 난 두 아들을 잃은 곳이다.

큰 애는 갸름한 얼굴에 계집애처럼 눈웃음 짓는 예쁜 실눈을 가졌었다. "산골짜기 다람쥐 아기 다람쥐"를 유난히 목청 높여 부르기를 좋아했다. 둘째는 유난히 살갗이 희며 눈이 시원스레 크고 잘 생겨서 얼른 쑤욱 쑤욱 자라 이왕이면 많은 사람들을 기쁘게 해줄 수 있는 영화배우라도 되었으면 좋겠다는 생각을 갖게 했었다. 이모는 한꺼번에 두 아들을 잃고 신경쇠약 증세로 울며 길거리를 헤맨 적도 있었는데, 그 일도 옛말 두 아들 곁으로 떠난 지 벌써 8년이란 세월이 흘렀다.

기찻길 너머 골프장 쑥색망이 보인다. 반대편으로 눈을 돌려본다. 왕복 8차선 넓은 찻길 건너 마을이 펼쳐져 있다. 앙증맞게 작은 연립주택들이 서로 사이 좋게 모여들 있다. 저 언덕 어디쯤이었을지도 모른다고 짐작도 해본다. 두 형제가 오죽 심심했으면 포탄을 장난감 삼아 돌멩이로 짓이겼을까. 잠시 가슴이 답답해진다.

시발점인 상암역으로부터 세 번째가 고개 앞이니, 심심치않게 좌석을 차지할 수도 있다. 남가좌역을 지나 성산회관 앞까지 오면 길가에 추억처럼 석물石物들이 진을 치고 있다. 맷돌 · 절구 · 동자상 · 해태상 · 석등 · 석탑, 지나칠 정도로 근엄한 여래두상如來頭狀 그리고 잘생긴 잔등을 드러내고 엎드려 있는 귀부龜趺까지도, 어느 누구의 호화주택 정원에 뽑혀 가길 기다리며 버티고 서 있는 걸까. 치닫는 전셋돈 때문에 자살한 가장이 신문에 보도된 사실이 순진한 동자상 표정에 어둡게 겹쳐진다.

연대 앞과 다음 신촌역 쪽으로 지나면 기차가 또 한번 내빼는 모습과 함께 덜커덩 소리를 듣게 된다.

눈부시게 흰 웨딩 드레스가 눈에 들어오면, 이대 근처에 온 걸 알게 된다. 라벨로 · 한 마음 · 그날…. 웨딩 드레스를 더 많이 바라볼 수 있는 왼쪽 창밖으로 시선을 돌린다. 웨딩 타운이라고 누군가가 뒤에서 감탄을 한다. 서양 아가씨와 한국 아가씨들이 금방 이대 앞에서 올라탄 모양이다. 언제쯤 너는 시집가겠느냐고 물으니, 경제적으로 혼자 생활할 수 있을 때 가겠노라고 서양 아가씨가 대꾸한다. 혼자 자립하면 시집 안 가는 것도 나쁘지 않다고 참견하고 싶어진다.

가슴을 깊게 판 모양, 팔 전체를 덮고도 모자란 손등까지 레이스가 흘러내린 모양, 그리고 긴 목을 레이스로 감춘 디자인들을 바라보는 것만으로도 마음을 가볍게 들뜨게 만들어 즐겁다. 성희 드레스 · 이대 드레스 · 각시방 · 웨딩마치 · 이브의 나래 · 허니문 등 동서양의 별의별 예쁜 말들을 나열하다 보니 내 이름처럼 느껴진 성원 드레스까지 있다.

모두들 흰 옷을 입으라는 충고를 마다하고 고집부려 연분홍색 치마 저고리에 흰 고무신을 신고 결혼식을 올렸던 옛날이 떠오른다. 결혼식 지나고도 외출복으로 입을 수 있다는 야무진 경제 관념이 작용했던 것일까.

버스 안이 어두어지기 시작한다. 비가 오려나 보다.

서대문 미동초등학교 앞이라는 버스의 안내 방송에 흠칫 놀라는 자신을 알겠다.

공습이 한창이던 일제日帝 말기 서울 시내 초등학교 학생들이 소개疏開로 서울 외곽이나 시골로 전학을 하던 때가 있었다.

고양군 숭인면 숭인초등학교 – 서울특별시 성북구 – 에서 맨날 반장을 맡아서 잘난 척하고 지내던 차, 미동초등학교에서 소개온 가나자와金澤라는 아이에게 반장을 뺏겨 밥도 굶고 방바닥에서 디굴디굴 구르면서 죽고 싶다고 심술부리던 일이 떠오른다. 반장 선거 때마다 늘 라이벌이던 어느 애가 새로 전학온 가나자와에게 표를 몰아줘서 지고 만 것이다.

광화문을 지난다. 삼성 VTR 간판 아래 웬디 햄버거 집이 눈에 크게 띈다. 종로 3가를 지나 원남동 고려예식장쪽으로 좌회전을 하더니 서울대병원 앞을 지나친다.

흰 국화와 백합으로 정돈된 어른 키보다도 더 큰 조화가 영안실로 운반되는 것 같다. 6 · 25때도 바로 같은 자리였다. 머리를 붕대로 싸맨 채 새파랗게 질려 한쪽 눈만 빠끔히 보이는 군인, 목발을 짚은 채 엉거주춤 힘겹게 서 있으면서 부들부들 떠는 부상병, 그리고 풀밭에 주저앉아 고개를 떨군 팔다리를 다 다친 부상병, 아마 여섯 명쯤으로 기억되는 부상병, 국군이 바로 영안실 자리 풀밭에서 인민군의 총으로 쓰러진 걸 기억한다. 그날이 6월 28일, 내가 세상에 태어나 처음으로 보는 죽는다는 것의 실체였다.

다음은 명륜동 성대 입구란다. 잔뜩 찌푸린 회색 빛 하늘인데 뭣이 모자라는지 먹물을 또 풀면서 한 가닥 구름이 번져간다.

하늘이 심술을 부리기 시작했으니 곧 소나기가 쏟아지겠지.

앞으로 40년이 지난 어느 여름날을 생각해 본다. 그때에 내 아들과 딸들이 어떤 얘기들을 가지고 조용히 지난 세월을 회상하면서 5번 버스 속에 앉아 있게 될 것인지 궁금하다.

1991. ≪수필공원≫ 가을호

굴절된 이야기들

얼마 전에 나는 동창들과 일본에 다녀왔다. 학교 후배인 복희가 전화로 어찌나 성화를 대며 함께 안 가면 절교한다고 으름장을 놓던지, 곁에서 듣고 있던 그이가 후회할 짓 말라며 부추기기까지 해서 기분 전환도 해본 셈이다.

그이가 유학간 지 일년이 지난 1963년 1월 2일이었으니까, 지금으로부터 30년 전에 일본 땅을 밟은 셈이었다. 그 시절엔 김포에서 하네다[羽田], 하네다에서 호놀룰루, 호놀룰루에서 로스엔젤레스, 로스앤젤레스에서 샌디아고까지 네 차례나 비행기를 갈아 타며 갔다.

비행기를 갈아 타기 위해 하룻밤을 쉬었는지 이틀밤을 지냈는지 몰라도, 어찌 됐든 일본서 하룻밤을 묵은 것만은 확실히 기억한다. 호텔에 짐을 풀고 밖에 나가니 해가 저문 긴자[銀座]

거리는 문전마다 소나무로 치장을 한 게 눈에 띄었다. 연초·연휴 탓으로 가게들이 모두 문을 닫아서 외국 여행이 처음인 사람의 마음을 춥게 만들었다. 거리를 얼마쯤 헤매고 있는데, 갑자기 눈이 번쩍 띄었다. 조그만 양품가게 진열장 속에 울로 만든 자주색 모자와 손지갑 크기만 한 어린이 핸드백이 걸려 있지 않은가. 바로 몇 시간 전 친정에다 맡겨두고 떠나온 네 살짜리 딸아이 생각에 목이 메었다.

긴자 거리에서 딸의 모자 하나 사고 이튿날 아침 호놀룰루행 비행기를 탄 것 뿐이니, 삼십 년 만이 아니라 이번 일본 여행은 나로선 처음이나 마찬가지다.

이륙한 비행기가 우리나라를 훌쩍 지나 동해 상공에 이르니 벌써 일본 상공이다. 스튜어디스가 나눠 준 입국 카드 직업란에서 머뭇거리게 된다. 지난 삼월 하와이에 가면서는 그냥 '주부'라고만 써 주고 말았는데.

간단한 생선튀김과 커피를 마시니 도착된다는 안내 방송과 함께 비행기는 요란하게 하강한다. 창문을 통해 깨끗하게 정비된 도로나 넓은 논들이 보이기 시작하니 곧 나리타[成田]국제공항에 도착한다.

파란 눈과 노랑머리를 가진 멀쑥하게 키가 큰 외국 사람들 틈에 끼여 입국 심사를 받으려고 기다렸다. 그들의 얼굴 표정이나 허름한 차림으로 보아 많은 사람들이 장삿속으로 일본에 간 것 같아 심사가 난다. 혼자 사는 언니 차례가 됐는데, 다른 사람보다 묻는 게 많은 것 같다. 멋쩍게 웃는 언니 모습이 눈에 들어왔다. 내 차례엔 슬쩍 얼굴을 한 번 쳐다보더니 아무말 없이 여권에 입국 스탬프를 찍는다. 언니에겐 직업이 뭐냐고 두 번이나 물었다는데, 나는 기가 죽기 싫어 '隨筆家'라고 한문 글자로 써서 배짱부려 본 게 우습다.

고오꼬[皇居]로 가는 길가 잔디는 마치 쑥색 물감을 부어놓은 듯 보였는데, 내 시력 탓만은 아닌 것 같다. 물로 씻어놓은 듯 말끔히 정돈된 잔디밭 가에 머리가 희끗희끗한 청소부가 허리를 연신 구부리며 뭔가 줍고 있는 것 같다. 담배꽁초만 줍고 있다는 어떤 친구의 말이 등 뒤에서 들린 것 같은데, 이상스럽게도 뒤돌아보기 싫은 추억이 머리를 들기 시작한다.

초등학교 2학년이 되던 해 우리 학교엔 새로 군인출신인 미야모도[宮本]라는 일본 교장이 부임해 왔다. 왼쪽 팔이 안으로 굽고 왼손목은 올라와 자연히 손과 손가락들은 아래로 쳐져버린 상이군인이었다. 차렷 자세는 이런 것이라고, 눈은 똑바로 크게 뜨고 가슴도 펴고 두 다리는 바로 모으고 자기 모습처럼 하라고 시범을 보이면, 남자애들은 킬킬대며 재미있게 흉내를 내곤 했다. 번번이 조회 때마다 교장 선생 곰배팔 흉내는 용케도 들키지 않았다. 조회가 끝나면 넓은 운동장에 흩어져 휴지 따위를 줍게 돼 있었다. 엉덩이를 치켜든 높은 자세로 고개를 수그리며 운동장 바닥을 살펴야만 하는데, 엉덩이가 처진 앉은 자세는 절대 금물이었다. 두 무릎을 구부린 채 수그리고 있으려니 오금이 저려오기 시작했다. 한쪽 다리를 펴 보려는 순간 난데없이 내 몸은 옆으로 나동그라졌다. 괴물처럼 보인 교장 선생의 얼굴이 커 보여 벌떡 일어서려는데 냅다 구두 발길질이 날아왔다. 다시 튕겨진 오뚜기처럼 일어서기가 무섭게 두 팔로 내 가슴을 쳐서 그만 똑바로 하늘을 향해 자빠지고 말았다. 뜨거운 무엇이 콧구멍으로부터 귓불까지 흘러 내렸다. 손등으로 훔치면서 걱정되는 건 운동장 바닥에 물든 새빨간 피를 어떻게 없애야 좋을지 무서웠다. 어른거리는 시야 속에서도 가네다[金田]선생의 눈가의 물기는 지금도 생생한 기억으로 떠오른다. 가네다 선생은 그 당시 진명여학교 출신이며 몸이 몹시 허약해 보였고 콧잔등에 주근깨는 모여 있었지만 갸름한 얼굴이 미인형이었다.

어디가 아프냐고 곁에 앉은 복희가 묻는다. 고개를 가로저으며 웃어 주기만 했다.

아홉 살 때 다친 마음의 상처가 아직도 아물지 않았다는 사실이 놀랍다.

산신령의 산으로 숭배되어 내려 왔다는 난따이산[男體山]이 멀리 왼쪽으로 보인다. 꾸불꾸불 돌아 올라가는 산길은 마치 우리나라 설악산으로 가는 한계령 고개와 흡사하다.

침엽수의 노란 가시 잎사귀가 눈발처럼 흩날리고 갖가지 열매가 작은 꽃송이들처럼 아름답다. 풀빛 · 노랑 · 갈색 · 연초록, 그리고 자주색들의 단풍이 모이고 겹치고 어울리며 호반

속을 그리듯이 둘러싸여 있다. 어디서 나왔는지 원숭이 한 쌍이 움직이는 차 앞에서 비켜줄 생각을 않는다. 무엇인가를 먹고 있는가 싶더니 상대 입에 넣어주기도 하다가 어느새 찻길을 가로 질러 숲속으로 사라진다.

일본 사람들이 자랑하는 닛꼬오[日光]의 게곤노다께 폭포를 보러 엘리베이터를 타고 내려 갔다. 99미터 높이의 암벽을 물보라가 요란한 소리를 내면서 떨어지는 모습은 장관이다.

철학에 도취한 열여덟 살의 젊은이가 뛰어 들었던 사실도 수긍이 간다. 그 젊은이는 처음으로 알게 되는 비관은 큰 낙관과 일치한다는 마지막 말을 남기고 떠났다고 한다.

엘리베이터를 타고 다시 지상으로 올라오니 매점 지붕 저편 위에 빨간 케이블카가 공중에 걸려 있다. 안개가 내려앉아 으스스 한기가 느껴진다. 복희가 따끈한 커피 한 잔을 들고와 권한다. 한 모금 마시는데 왈칵 눈물이 솟는다.

가난했던 유학시절 팜스프링(Palmspring)에서 세살짜리 딸과 단 둘이서만 탔던 케이블카가 떠오른다. 그이는 케이블카를 타면 아프다면서 혼자 처져서 모녀에게 손을 흔들었다.

왼손에 쥐고 있는 엘리베이터 승강권을 들여다보니 520엔이라고 찍혀 있다.

미국으로부터 귀국은 1967년 겨울이었다. 이삿짐은 선편으로 부치고 그이는 캐나다에 먼저 들러 귀국하고, 나는 이틀 뒤에 미국에서 생긴 두 딸을 데리고 미국을 떠나게 되었다.

엄지손가락을 빠는 버릇이 있는 네 살짜리는 담요를 제 것이라고 뚤뚤 말아 안고 다닌다. 그리고 두 살짜리는 오줌도 못 가리는 형편이었다.

하네다 공항에서 내려 호텔로 가는 리무진 버스를 탔다. 그런데 창가 의자에 앉자마자 갑자기 네 살짜리가 울어대기 시작했다. 사랑하는 담요를 잃어버린 것이다. 운전사에게 허락을 받고 다시 공항 안으로 뛰어 들어가 두리번거리는데 공항 안내원이 공중전화 박스를 가리키며 저것이냐고 묻는다. 누가 바닥에 떨어진 걸 집어 얹어 놓은 거다. 눈물과 반가움으로 얼룩진 딸은 엄지손가락을 빨며 걸레 같은 담요를 좋아라고 안고 있는데, 차창 밖은 진눈깨비가 흩날리고 있었다.

호텔에 도착하니 프런트에서 전화가 왔었다고 일러준다. 왼팔로 두 살짜리 안고 오른팔엔 어깨에 멘 가방과 바퀴 달린 여행가방, 옆에 서 있는 네 살짜리도 살피며 엘리베이터를 타고 돌아가서 방문에 열쇠를 꽂기가 무섭게 전화벨이 울렸다. 생전 듣지도 못하던 경상도 사투리의 남자 목소리. 그이가 도와주라는 부탁을 받고 부산서 왔단다. 부산에 친구가 있다는 얘기는 들어 본 일이 없는데, 도와주러 곧 오겠단다. 숨도 쉴 수 없이 캄캄하다. 도움이 필요 없으니 올 필요 없다고 잘라 버렸으나, 무서운 건 어찌할 수 없다. 프런트에 도와달라고 부탁을 하고 애들을 씻기고 잠옷으로 갈아 입혔다. 긴 여행이라 애들은 곧장 곤한 잠에 빠져 버렸다. 걱정 말고 쉬라는 프런트

청년 말은 아랑곳없이 로비에서 엘리베이터를 타고 호텔방으로, 또 엘리베이터를 타고 로비로 쉴 새없이 반복하며 불안한 밤을 밝혔다.

이튿날 아침 리무진을 타고 하네다 공항에 도착해 서울로 가는 게이트에 들어서니 안도의 감격이 복받쳐 눈물도 안 나왔다. 그 무렵 자의건 타의건 조총련 사람 한 번만 만나면 북송선을 타게 된다는 무서운 세상이었다.

하늘이 컴컴해지는가 싶었는데, 바람이 한차례 불기 시작한다. 입동立冬도 지났으니 날씨가 추워지려나 보다. 마당 위에 떨어져 있는 휴지 조각도 줍고, 누군가 내던진 담배 꽁초도 주워야겠다.

1993. ≪北韓≫ 2월호

진달래꽃 가지를 물고 있는 한 쌍의 닭

닭의 모양으로 빚어진 한 쌍의 백자 연적硯滴이 오동나무 책장 위에 앉아 있다.

가로나 세로가 넉넉한 한 뼘만큼의 둥근 몸집에 화려하게 등 편으로 구부러진 긴 꽁지털은, 엷게 진하게 가늘게 굵게 자연스런 철사鐵砂 물감이 들었다.

몸집이 통통한 편인 암탉은 두 눈을 조용히 감고 머리를 들어 입을 빠끔히 벌리고 있다. 훤칠하게 잘 생긴 수탉은 몸을 오른편으로 한 번 뒤틀고 있으니, 아무래도 눈을 반쯤만 뜨고 있는 건 아닐까 의심도 든다. 먼 하늘을 향해 길게 뺀 목엔 혈관이 흐르고 있을 것 같은 착각마저 들기도 한다.

도예가 김 선생의 깊은 심미안審美眼이 한가닥 스치고 지나간다.

어렸을 적 외할머니댁 뒤곁엔 닭장이 있었다. 거북등 모양으로 성글게 엮어진 철사망 속엔 열 마리도 넘는 백색의 레그혼 닭들이 구구대며 저희들끼리 놀고 있었다. 할머니는 하루 한 차례씩 갇혀 있던 닭들에게 외출을 허락하였다. 잘생긴 수탉은 새빨간 벼슬을 뽐내며 암탉들을 거느리고 앞뜰에서 자라고 있는 상추·쑥갓·호박·토마토 밭을 분별없이 밟아대며 나들이를 나가곤 했다.

어느 날 문제의 수탉이 피투성이가 되어 벼슬이 추욱 처진 채, 암탉들은 어디에 두고 왔는지 홀로 돌아왔다. 할머니는 너 같은 바보 병신 닭은 감옥살이밖에 할 수 없다며―몹시 속상해 하며―저 놈의 수탉을 없애버려야 되겠다고 화를 내기까지 했다. 옆집 갈색 레그혼 수탉과의 싸움에서 흰 암탉들을 양보한 것 같았다. 그날부터 백색의 수탉은 외출이 금지된 대신 빨간 고추장 범벅의 밥을 먹게 되고, 나중엔 인삼뿌리 윗부분들을 떼어 돌절구에 잘 부순 인삼 비빔밥을 먹게 되었다.

할머니는 무슨 강철가루를 먹여야 되겠다고 언성을 높였지만, 강철가루를 먹는 수탉을 본 기억은 지금도 나질 않는다. 외출이 철저히 금지된 지 열흘도 더 지난 어느 날, 오늘은 네 목숨이 마지막 날인 줄 알라며 닭장 문을 열어주는 할머니의 전에 못 느꼈던 깊게 패인 쌍꺼풀 눈이 유난히 크게 보였다.

갇혀 있던 수탉이 옆집 갈색 수탉을 찾자마자 쏜살같이 달려들어 일대 격전이 벌어졌다. 구경하는 동네 사람들 때문에 더 신이 났던지 공중으로 높이 날뛰며 피투성이가 된 채 서로 퍼드득대며 뒤엉켰다. 얼핏 보기엔 백색의 수탉이 더 피가 많이 난 것처럼 보였지만, 웬일인지 옆집 갈색 암탉들이 우리 백색 수탉 뒤로 따라오는 것 같았다.

식구들은 기뻐서 우리 수탉 얘기로 며칠 동안 시끄러웠지만, 백색 수탉이 개선 장군이 된 뒤로 외사촌 여동생과 나는 한 발자국도 문 밖엔 나설 수가 없었다. 늘씬하고 용맹스런 수탉은 웬일인지 우리 둘만 보면 눈알 한번 꿈벅이기가 무섭게 공중으로 높이 날아뛰며 덤벼들곤 했다. 십 년이란 세월이 다섯 번이나 흘러버린 지금도 사촌동생 왼쪽 눈 아래 뺨 부분엔 조그마한 흉터가 남아 있는 건 그때 잘 났던 백색 수탉의 선물인 셈이다.

나는 어머니의 둘째 딸로 태어났다. 언니는 네 살 때 디프레리아를 앓아 하늘나라 천사가 됐고, 둘째 딸은 그때 겨우 두 살배기였다. 남은 둘째 딸은 어디 가서 점을 쳐봐도 열 살을 넘기기 힘들다는 말에 어머니는 몹시 겁이 났던 모양이었다. 당신의 몸이 약해 다시는 임신할 수 없다는 산부인과 의사들의 진단이 더욱 더 하나밖에 없는 못난 딸에게 정성을 쏟았던 것 같다.

쇠고기가 비싸서 먹기 힘들었던 시절 어머니는 닭과 인삼을 끓여서 내게 끊임없이 먹였다. 지금도 닭고기는 먹고 싶지 않고 인삼차도 마시고 싶지 않는 게 바로 그 때문이다.

가뜩이나 닭국이라면 메슥거리는데 솥뚜껑을 열면 뽀얗게 익어버린 벼슬과 눈을 감고 있는 머리를 보면 질겁을 했고 노란발가락이 달린 채 그대로 삶은 건 징그러워 견딜 수가 없었다. 오돌오돌한 노란 껍질이 싫다면 살점만 뜯어 소금에 찍어 강제로 입에 넣어준 어머니의 정성은 아랑곳없이 자주 마당 한구석 수채 구멍 앞에 쪼그리고앉아 토해내곤 했다.

인삼 넣은 닭국만으로 마음이 놓이질 않는 어머니였던 것 같다.

아무리 생각해도 할아버지 · 할머니로밖에 안 보이는 분들인데, 수양부모라며 정초엔 어머니를 따라 세배를 가곤 했다. 수양부모 집에 갈 때마다 어머니는 보자기에 떡 · 과일 · 국수 · 술 같은 많은 선물들을 싸들고 갔다. 세배를 하고 머리를 들자마자 눈에 띄는 건 다락문 손잡이 고리에 매어달린 빨간색 바탕에 오리 두 마리가 앉아 있는 수 놓은 수저집이었다. 수양딸이 갈 때마다 예쁜 수저집 속에서 수저 한 벌을 꺼내 놓으며 그것으로 밥을 먹게 했다. 손잡이엔 아름답게 매화꽃이 박힌 은수저였다.

빠끔히 벌린 닭들의 두 입이 어째 허전하게 다가온다. 거실로 나가본다. 살색 항아리에 수북이 꽂혀 있는 진달래꽃이 화사하다. 햇볕쪽은 진한 분홍이고 반대편은 너무 흐리다. 두 색을 한데 섞으면 연말에 입었던 내 옷 빛깔이 될 것 같다. 누군가가 인디안 핑크라고 표현했다. 도무지 감이 안 잡히는 분홍 계통의 옷이었지만 젊어 보인대서 싫진 않았다.

햇볕쪽 진달래 한 가지를 꺾어 입에 물려 보려니 수탉은 꼬랑지 쪽으로 몸이 휘었고 암탉은 그냥 조금 왼편으로 돌렸을 뿐이니, 이리저리 몸을 움직이며 놓아보니 수탉은 꼬랑지가 앞에서 보이고 암탉은 앞에서 둥근 배가 보일 때 꽃가지를 받쳐 물게 됐다.

분홍 진달래꽃이 시들면 개나리꽃으로… 빨간 단풍잎도 물려보고 갈대도 물려보다 보면 어느새 계유癸酉년도 맥없이 흘러가겠지.

1993. ≪수필공원≫ 봄호

진달래꽃 가지를 버리던 날

거의 보랏빛으로 물들어 버릴 것 같은 연분홍 진달래 꽃잎이 마룻바닥에 어지럽게 흐트러졌다.

음력으로 아직 선달 초순인데 베란다 창을 통해 햇빛을 쪼이면서 졸고만 있던 진달래 꽃잎이 하나 둘 거의 사라진 것이다. 싱겁게 쭈욱 뻗은 진달래나무 가지에 시원치 않게 시늉만 붙은 꽃망울 때문에, 집안 식구들은 꽃 따위는 볼 수 없을 거라고 빈정댔다. 꽃망울에다 분무기로 매일 아침 부지런히 안개비를 뿌려줬더니, 어느새 꽃망울 끝에 연분홍 빛이 살짝 비치는가 싶더니 진달래가 피기 시작했다.

창 밖엔 눈이 많이 쌓여 하룻밤만 지내면 길이 미끄러워 출근길이 힘들 거라고 야단들이었는데도 우리집 창가엔 연분홍 아니 연보라 진달래꽃이 만발했다. 진달래 꽃잎으로 어지러웠던 마룻바닥 때문에 이번엔 진달래 가지를 치워 버릴 수밖에 없게 됐다. 아마 한달쯤 내게 사랑을 받았던 한아름의 진달래를 안고 아래층 쓰레기통에 버리고 올라와선 곧 후회스럽고 서운함 같은 게 가슴 밑바닥에 가라앉는다. 진달래꽃들은 햇볕 드는 창가에서 한 달쯤 예쁘게 살다 가버렸지만, 과연 나는 앞으로 몇 해를 더 살아가야 내 흉한 꼴을 보이지 않게 될까.

특별한 이유 없이 무턱대고 그 사람이 좋기만 해서 결혼해 버린 결과, 딸 넷 아들 하나 오남매를 키워, 막내인 외아들로부터 첫 손주를 얻은 기쁨도 가졌으니 앞으로 지금보다 더 큰 기쁨은 있을 것 같지도 않다. 아직까지 아내 노릇은 별로 잘해낸 것 같지도 않고, 내 딴엔 어미 노릇은 괜찮게 해온 것 같은데 그애들 생각은 어떤지 알 길이 없고, 앞으로 할머니 노릇은 정말 잘해 내야 할 텐데 어떻게 될지 모르겠다.

돌아가신 시어머니가 내게 베풀어주신 정이 많았겠지만 유독 섭섭했던 일만 가슴속에 새겨져 지워지지 않는 중에 이젠 내가 시어머니편이 되었으니, 며느리도 며느리지만 아들 불편할까 보아 마음 바르게 사는 날까지 망녕 부리지 말아야겠다는 생각이다. 남에게도 봉사하는데 며느리에게 봉사 못할 게 뭐냐면서 당신 며느리는 천사 같다고 칭찬하는 분도 나는 만나고 있다. 시어머니 노릇이 가장 힘드는 것 같다는 생각이 흐려지기 전까지만 사는 게 괜찮을 것도 같다.

긴 병에 효자 없다는 평범한 생각 때문에 보약은 고사하고 인삼차도 안 마시고 있다. 종합진찰이란 걸 아직 한 번도 받아 본 일이 없지만 아직은 소화기능도 좋은 편이라 음식을 즐겨 먹어 뚱보가 되었고, 코까지 골며 잠도 잘 잔다니 건강하다고 여겨진다.

지난달 초 '일본 속의 한민족사 탐방단'에 끼여 배를 타고 일본에 다녀온 일이 있다. 첫날 밤 후덥지근하고 잠도 안 와 갑판에 올라가 보았다. 끝도 없이 펼쳐진 무서운 밤인데 시커먼 파도를 요란하게 가르는 뱃전에 기대서니 찬 바닷바람이 내장까지 흔들어서 힘들었다.

이 순간 파도 속으로 뛰어들고 싶은 충동이 번쩍 지나갔는데, 곧 창피해지고 말았다. 7백 명이 넘는 착하고 귀한 분들께 주책없는 할망구 한 사람이 되지도 않는 무서운 실수를 저지를 수 있는 걸까.

바흐 음악이 너무 좋아서 자살해 버린 어느 시인은, 오직 홀로 있다가 목숨을 끊었기에 멋지게 느껴질 수도 있지 않았던가.

아무리 돌이켜 더듬어 봐도 착한 일 한 게 하나도 없다. 많은 사람들로부터 신세만 졌는데, 그 중에도 두어 사람에겐 평생 갚지도 못할 은혜만 무겁게 안고 저승까지 가지고 갈 것 같아 무섭기까지 하다.

불교에선 살생하지 말고 남에게 많이 베풀라고 한다. 병오생이시니 새해로 여든아홉 되는 아버지는 평생 비린 음식은 새우젓 꼬랑지 하나도 안 드셨고 심지어 파리·모기가 방에 들어와도 창문을 열고 부채질로 내쫓느라고 애쓰시는 모습을 볼 때마다 얼마나 많이 웃었는지 모른다. 나는 아들이 좋아한다는 이유 하나만으로 살아 움직이는 꽃게를 토막내어 펄펄 끓는 고추장 국물에 던졌고, 손주가 손바닥으로 방바닥을 만지작거리기가 무섭게 개미가 손주 괴롭힐까 봐 엄지손톱으로 매몰차게 눌러 문질러 죽이곤 한다. 또한 봉사라는 걸 해본 일이 없는 극단의 이기주의자다.

내 남편 내 자식 일만 해도 쩔쩔매며 감당 못하는 주제에 내 식구 밖의 사람을 돕는다니 말도 안되는 소리라고 여겨왔다. 식구끼리 똘똘 뭉쳐 남이 비집고 들어갈 틈이 없다는 얘기를, 10여 년 전만 해도 괜찮은 소리로 들렸지만 지금에 와선 별로 좋은 평이 아닌 듯 싶다.

13년 동안이나 몸이 불편한 어머니도 명절이나 생신 때면 무슨 숙제마냥 불쑥 찾아 뵈면서, 양로원에 가서 모르는 노인 머리 깎아 드리는 일은 부끄러운 짓이란 말도 했었다.

계획성도 없고 융통성도 부족한 내가 40세 때 단 한번 관상이란 걸 보러 간 일이 있다. 노인은 내 관상을 보더니 세월이 지나 이 다음 환갑날 이만하면 행복한 인생을 보내고 있다고 느끼며 자기가 떠오르게 될 거라고 말해 주었다. 괴로울 때면 가끔 관상 봤던 생각이 떠오르며 밝은 편으로 자세를 바로잡곤 했다. 그 당시 끔찍하게 먼 훗날로 여겨졌던 환갑해인 계유년도 저물어 가고 있다. 도무지 남을 위해 베푼 게 없었고 돈도 없으니 재산이라고는 오직 육신 하나뿐이니 내 몸뚱이 하나라도 맏딸이 나온 의과대학에 기증할 생각으로 딸에게 물으니, 기능이 왕성한 젊은 사람이 쓸만하지 엄마는 늙어 아무 부위도 쓸모가 없단다. 혼자 자세히 알아봐야 인정이 가겠지만 가슴이 휑하니 서글퍼진다. 육안으로 보이는 것보다 볼 수 없는 쪽이 점점 크게 느껴지는 건, 지나온 날보다 앞으로 남은 날이 짧은 탓일까.

부자로 잘 사는 사람들은 부모가 덕을 많이 쌓았다거나 전생에 많은 사람에게 베푼 것이 많았다는 윤회輪廻설을 믿고 싶다. 업장의 바람[業風] 따라 이렇게 태어났음도 믿고 싶다.

자유가 없는 교도소는 이승의 지옥이고, 좋은 주택에 살며 풍요로운 자유를 누리는 부자도 있으니 이승의 천당인 셈이다.

욕심이 많은 사람이 살이 찐다는 얘기가 있다. 하도 많은 욕심이 채워지지 않아 식욕이 자꾸만 왕성해진다는 것이다. 화가 나면 마구 먹어대는 내 체질에 꼬옥 들어맞는 얘기다. 덕지덕지 붙은 숱한 욕심의 뿌리를 뽑아 버리면, 내 식욕도 줄 것이고 체중도 줄 것이며 마음도 가벼워질 것이다.

저승 갈 때의 내 모습이 궁금해지기도 한다. 별로 튀지 않는 평범한 갈색 깃털을 지닌 참새 한 마리가 되어 짹짹거리며 이승에서 못다한 수다를 늘어놓을지도 모른다. 가을에는 곡식을 쪼아 먹다가 여름에는 과일나무 벌레도 잡아 먹으며, 얄밉다가도 착할 수도 있는 그런 보통의 참새쯤 될지도 모른다.

폭풍우가 지나간 다음에 발견된, 새끼를 껴안고 죽은 어미 참새 얘기가 떠오른다.

1994. ≪수필공원≫ 봄호

오늘 아침엔 엘가를 듣고 싶다

장중한 노래로 시작하는 E 단조의 첼로 소리가 가슴에 새겨진다. 느리게 시작하면서 몽롱하게 떠오르는 온화한 처음 주제가 너무나 마음에 든다. 이처럼 낭만적인 서정성에 우수가 깃들어 있는 곳이 또 있을까 싶다.

라저 니렌버그가 지휘하는 잭슨빌 심포니 오케스트라. 엘가 첼로 협주곡 E 단조 op · 85를 딸애가 협연한 테이프로 듣고 있다.

셋째 딸애에게 첼로를 시킨 건 정직하게 고백하면 어미인 나의 겉멋 들린 취향 때문이었다. 윤기 있는 깊은 울림의 음향이며 너그럽고 장중한 남성적인 악기에 마음이 쏠렸고, 무엇보다 가슴에 악기를 감싸안고 연주한다는 매력이 컸기 때문이다.

일곱 살인 초등학교 1학년 때 1/2 크기의 악기를 그애 가슴에 안겼는데, 그애는 하고 싶기는커녕 병이 날 지경이었을 게다. 그앤 바깥에서 바람만 불어도 방 안에서 콜록댈 만큼 몸이 약한 편이라 자주 병원엘 들락거렸다. 의사가 첼로 연습을 말리면 어미는 연습시키지 않겠다고 약속하고 집에 와선 또 들볶았다. 다음날 병원에 다시 가면 어제는 엄마가 세 시간이나 연습시켰다고 의사에게 일러바쳐 어미를 난처하게 만들었으며, 대학생 첼로 선생님 앞에서 졸며 주의시키다 못해 주사 바늘로 선생님 몰래 장딴지를 건드리면 아프다고 엄살을 부려 부끄럽게도 교양없는 엄마가 되어버린 때도 있었다. 딸애가 음악을 좋아하게끔 만들기는커녕 음악으로부터 도망치고 싶게 교육을 시키는 머리 나쁜 어미였다.

목관이 여리게 연주함에 따라 첼로가 둘째 번 주제를 변조하여 노래한다. 다시 주제가 표정을 바꾸어 나타난 후 조용히 2악장으로 넘어간다. 스케르조 풍의 명랑한 느낌의 경쾌한 곡이 이어진다. 첼로는 자잘한 기교로 16분 음표를 발전시키며 눈부시게 활약하는 경쾌한 스케르조가 쏟아진다.

딸애가 초등학교 2학년 때인 걸로 기억된다. 하루는 딸애가 얼굴이 새파랗게 질려 가슴을 움켜잡고 숨쉬기 괴로워했다. 심상치 않아 애들 아빠가 업고 병원으로 달려갔다. 의사는 이리저리 진찰을 한 다음 딸애를 잠깐 밖에 나가 있으라며 부모에겐 그 자리에 서 있으란다. 우리 부부는 서로 겁먹은 눈빛으로 멍하니 서 있었다. 몹시 야단치거나 때린 일이 있느냐고 묻기에, 야단치고 때리는 건 매일 있을 수 있는 일이라고 했다. 며칠 사이 심하게 마음 상하게 했느냐고 해서, 별로 모르겠다고 머뭇거렸다. 그 무렵 둘째 딸애가 전국 피아노 콩쿨에 나가기 위해 학교를 쉬면서 집에서 맹연습을 하고 있었다.

첼로를 하는 셋째 딸은 자연히 뒷전으로 무관심일 수밖에 없었다. 하필 콩쿨 시즌은 같은 가을이라 셋째 담임 선생이 교내 콩쿨에 나오라고 성화를 댔고, 엄마는 안 된다고 야단치는 중간에서 몹시 속이 상했던 것 같았다. 의사는 음악은 힘들고 돈이 많이 드는 공부니 시키지 말라며, 아무나 음악을 시키는 게 아니라며 충고를 잊지 않았다. 딸애는 유난히 신경이 예민한 편이니 주의를 기울여 키워야 된다며, 충격이 머리로 가면 뇌신경에 지장이 올 수도 있고 가슴으로 가면 심장마비가 생길 수도 있다고 겁을 줬다. 밖에 나가 있던 딸애를 부른 다음 의사는 연탄가스 냄새를 맡아서 숨쉬기가 힘들었다면서 약을 먹으면 괜찮아질 거라 하고, 우리 부부에겐 약은 비타민일 뿐이라고 몰래 귀뜸해 주었다. 그후 셋째 딸 별명이 엄마 아빠의 일등 딸이 된 셈이다.

내가 가장 좋아하는 명상적인 분위기로 된 3악장 아다지오—낭만적인 아름다운 노래로 된 악장이다. 느린 발상으로 동경하는 듯한 선율이 아름답게 노래한다. 딸애는 아주 작은 소리로 무한한 의미를 만들 줄도 아는 것 같다. 소리 하나하나가 살아 숨쉬는 것 같아, 음을 들으면서 색채의 변화[色聽]를 느끼게 된다는 걸 믿고 싶은 순간이다.

1982년 셋째 딸애가 커티스(Curtis) 음악학교에 합격됐다는 전화를 받고 기쁨의 눈물도 흘렸건만, 며칠 있다가 오히려 우울해지기 시작했다. 학교에서 어떻게 그런 이상한 악기를 가지고 있느냐면서, 딸애에게 앞으론 학교 악기를 사용하라는 얘기였다. 1979년 셋째 딸애가 미국으로 갈 때 돈이 없어 이잣돈을 마련해서 장만해 준 악기였다. 딸애가 커티스에 입학한 지 2년인가 뒤에 또 한 명의 한국 학생이 입학했는데, 그 학생 악기는 첼로를 가지고 있는 전교 학생 중에서 가장 소리가 좋은 비싼 악기라고 했다. 전교에서 첼로하는 한국 학생은 두 명 뿐인데, 하나는 전교에서 제일 좋은 악기고 우리 딸애 악기는 이상한 악기라고 학교에서 사용하지도 못하게 했다.

환상적인 악상으로 첼로가 이렇게 화려하게 표현할 수 있는 곡은 엘가 E 단조뿐인 것 같다. 지난 봄 3월 25일 10년 만에 미국에 가서 들어보는 그애의 첼로 소리 - 소박하면서도 음악이 정겹게 흐르는 것 같았다. 때로는 깊은 명상에 빠져드는 듯한 연주가 어미 마음을 감격하게 만들었다. 그앤 음악을 연주하지 않고 사는 사람은 얼마나 불행하겠느냐고 말했다. 그리고 음악하는 사람과 결혼하겠다고 했다. 아름다운 공부를 하기 위해 가슴앓이도 남몰래 많이 했을 것이기에 엘가를 좋아하게 됐는지 모르겠다. 낙조의 장엄함과 적적함을 얽어 놓은 듯한 노래, 그 노래를 조용히 누르고 담담하게 흐르는 듯한 주제를 끌어내곤 하는 곡.

아홉 살이나 연상인 아내를 유난히 사랑하던 엘가는 아내가 병석에 있을 때 E 단조를 작곡했고, 이 협주곡이 초연된 이듬해 엘가는 마침내 아내를 잃었다고 한다. 그의 만년에 기울어 가던 그 낙조의 적적함이, 뼈에 사무치는 듯한 애수 어린 주제의 슬픔이, 그렇게도 내 가슴을 절절히 파고 들 수가 없는 아침이다.

1994. ≪수필공원≫ 가을호

잔액증명

흔히들 남에게 돈 꾸러 다니지 않고 밥 세 끼 잘 먹고 식구들 모두 건강하면 행복한 편이라고 말하곤 한다. 그 중에 밥 세 끼라는 건 요즈음처럼 돈 들여가며 살 빼는 시대에는 어울리지 않는 얘기지만.

어느 잡지에서 읽었는지 기억이 분명치 않지만, 어느 분이 쓴 당신의 어머니를 회상하는 글의 내용이 늘 내 가슴 한복판을 아려오게 했다. 그분은 당신의 어머니를 생각하면, 자식 학비 때문에 맨날 허둥대며 이집 저집 돈 꾸러 다니셨던 기억밖에 없노라고 했다.

밤을 새워가며 고민한 경험이 없는 사람과는 말도 하지 말라는 시인도 있었지만, 나는 자식 키우면서 돈 때문에 밤에 잠을 설치는 때가 많았다. 조바심으로 뒤척이다 어느 분 어머니 편으로 내 마음을 여러 번 기대버리기도 했다. 적어도 그분은 누가 뭐래도 자식을 훌륭하게 키워낸 어머니였다고 나는 결론을 내리고 있었으니까.

넷째 딸이 서울예고 미술과에 합격한 건 1980년이었으니까, 지금으로부터 15년 전 일이다. 그 앤 날 닮아 덜렁대는 편이며 공부에 게을러서 언니들이 다녔던 서울예고에 합격하면 언니들 따라 미국으로 유학 보내 주겠다고 쉽게 약속을 해두었던 터였다.

내겐 가슴 한켠에 불편한 찌꺼기처럼 남아 몹시 미안하게 느껴지는 고등학교 친구 하나가 있다. 내 딸이 합격하면 한턱 내겠다고 날짜를 잡아 놓고 다른 날로 미뤄 버렸다. 왜 첫 약속을 못 지키게 됐는지 지금으로선 도저히 기억이 나지 않지만. 그녀는 약속 취소의 전화를 받고 집에서 먹을 점심거리를 장만하려고 아파트 단지 내 슈퍼에 갔다가 얼음판에 넘어져 왼쪽 대퇴골이 부러지는 불상사가 생겨버렸다. 첫 번 수술이 잘못 됐는지 어쨌는지는 모르지만 100명 중 3명 꼴로 부작용이 있을 수 있다고 의사한테 들었다며, 수술한 지 한달반 만에 두 번째 수술을 받고 퇴원해서 견디기 어려운 아픔과 불편함을 용케도 잘 이겨내고 있었다. 그녀의 아파트로 문병갔을 땐 꼼짝도 못하고 비스듬히 누워있는 채 얼굴에 밝은 미소까지 띄워 보이며 반겼다. 남이 민망할 정도로 사랑하던 남편과 사별한 지 몇 해 안 돼 몹시 외로움을 탔던 것처럼 보였다.

그녀는 내 딸이 언제 미국으로 떠나느냐고 물었다. 비자 받는 데 필요한 잔액 증명만 준비하면 된다고 했다. 앞서 떠난 언니들은 여권 비자 받을 때 조 사장 부인이 쉽게 잔액 증명을 해줬는데, 요즈음 심각한 사업 부진으로 애들을 여기저기 맡겨야 될 정도라고 해서 다섯 명은 도저히 자신이 없어 단 한 명만 내가 맡겠다는 뜻을 전했다고 했다.

그녀는 잠시 천장 쪽으로 시선을 던졌다. 통증이 오기 시작하는지 몹시 괴로운 표정을 짓는데, 마치 진저리라도 치는 것처럼 보였다. 눈을 한번 감았다 뜨나 싶더니 나에게 손짓을 하며 두 번째 칸 책장 왼쪽으로부터 일곱 번째 책갈피 속에서 통장을 꺼내게 하고, 문갑 두 번째 칸 두 번째 서랍을 뺀 뒷켠에선 조그만 상아도장을 꺼내게 했다. 그때 내 남편 월급으로 치면 3년 하고도 7개월에 해당되는 액수의 잔액이 그 통장 속에 찍혀 있었다. 내 핸드백 속에 어서 챙겨 넣으라고 서둘러대며 오른쪽 집게 손가락 하나를 가만히 입술에 대며 절대 비밀이라고 하였다. 아들딸들이 돈냄새를 맡으면 큰일이라면서, 이 세상에서 가장 중요한 건 돈이고 다음이 남편이라고 중얼거리기도 하였다.

그때 그녀가 빌려준 통장으로 잔액 증명을 만들어 미국 비자를 받고 떠난 넷째 딸은 지금까지도 미국에서 공부하고 싶은 게 많이 남은 것 같다. 내가 그녀에게 잔액 증명을 부탁하러 문병갔던 것도 아니고, 그녀가 그렇게 많은 돈이 있는지도 모르는 일이고, 아들딸도 모르는 돈을 내가 금방 되돌려 주지 않으면 어쩌려고 그랬는지 그저 감격할 따름이다. 바꿔서 내가 만약 몸이 불편해서 엎드린 채 팔꿈치로 몸을 끌고 다닐 형편에 친구의 딸을 위해 그런 결단을 내릴 수 있을까.

불안하고 귀찮아서라도 가지고 있는 돈도 없는 것처럼 아무 말 않고 흘려 보낼 거라는 도무지 자신이 없는 부끄러운 양심이 꿈틀거릴 뿐이다.

첫 아들이 대학을 낙방하니 앞이 캄캄해 이불을 뒤집어 쓰고 일체 외출을 안 했다던 그녀가, 사랑하던 남편을 잃으니 아들 대학 낙방은 아무것도 아니더라면서, 자식은 자식의 인생이 있는 거라며 괴로워했다. 남편 잃은 슬픔보다 대퇴골 수술 뒤 아픔이 더 끔찍했다면서, 자기 몸 안 아픈 게 제일이라고 했다. 뭣이 또 잘못됐는지 두 번째 수술 뒤 일년반을 있다가 그녀는 세 번째 수술을 받았다. 플라스틱 같은 이물질을 넣는 인공 고관절 재건 성형수술(Total hip replacement)이란 걸 했었는데, 요즈음 신기하게도 걷는 걸 보면 전혀 불편해 보이지 않는다. 이젠 아프지 않느냐고 물으면, 아직도 몹시 아파 많이 걷지 못한다고 한다. 마이신도 먹고 침도 맞으러 수도 없이 다닌다며 억지로 밝은 표정을 짓는 그녀 앞에서, 부끄러워 더 이상 입이 떨어지질 않는다.

그녀가 그렇게도 좋아하는 연극을 나는 그동안 단 두 번밖에 함께 가 주지 못했다. 그녀가 살아가는 동안 단 한번의 실수는 나 같은 사람을 친구로 잘못 찍었다는 일일 게다.

1995. ≪수필공원≫ 여름호

놋숟가락 하나에도 작은 행복이

돌쟁이 숟가락보다는 약간 작고 찻숟가락보다는 조금 큰 듯한 놋숟가락을, 하얀 밥알이 뜬 식혜를 떠먹을 때 내어 놓고 있다. 우리 집에 오는 손님들은 어디서 그처럼 앙증맞게 예쁜 놋숟가락을 구했느냐고 물으며 당장 사고 싶어 한다.

아마 7, 8년 전쯤일 게다. 인사동 거리를 기웃거리다가 눈에 띄어 그 가게에 다섯 개 뿐인 숟가락을 몽땅 사오고 말았다. 이들 숟가락은 살 때부터 둥근 끝 부분이 많이 닳아 얇아졌고, 어느 것은 손잡이 끝이 둥글게 멋을 부렸는가 하면, 또 다른 것은 심술로 잘라버린 것 같은 일그러진 반달 모양도 있다. 다섯 개가 머리가 다 다르게 생겨버려 마치 만든 사람의 마음을 읽는 것 같아 정이 간다. 이들 놋숟가락은 크기는 작아도 가끔 세 살짜리 손주녀석 오른손에 꼬옥 쥐어져 밥숟가락으로 대신할 때도 있다. 어른 밥숟가락 크기에 놋수저도 네 벌이나 있는데, 숟가락 하나가 이사올 때 잃어버렸는지 통 눈에 띄질 않는다. 누가 탐이 나서 훔쳐가진 않았나 하고 가끔 의심할 만큼 아깝다.

놋젓가락 때문에 괴로웠던 초등학교 시절도 있었다. 2차 대전 끝 무렵 학교에서 놋그릇 공출이 있었다. 다른 애들은 주발 · 대접 · 가위 · 촛대 · 재떨이 · 양푼 · 요강 · 대야 따위의 큰 물건들을 집에서 많이 가지고 왔는데, 나는 겨우 아버지로부터 놋숟가락도 아닌 놋젓가락 하날 받았을 뿐이었다. 일본사람인 담임선생님이 되게 야단치며 다음날 많이 가지고 오라고 소리를 질러대서 무서워 울었던 일도 있다.

놋그릇은 독도 없고 냄새도 없어 무공해의 금속이란 걸 믿고 있지만, 적어도 내가 써본 놋그릇은 맛도 냄새도 있는 것 같다. 많이 닳아버린 놋숟가락으로 된장을 한 숟갈 떠서 조리에 받쳐 국물을 내릴 때, 잘 삭은 된장에 놋쇠만이 지닌 약간은 시큼한 냄새와 어울려 구수하고 푸근한 맛이 난다. 눈을 감고 맨 혀 안에 놋숟가락 등을 대어 보면 냄새와 맛이 전연 안 난다고 말할 수 있을까. 놋숟가락은 밀가루 위에 계란 입힌 둥글둥글 썬 호박전을 뒤집을 때도 크기가 적당하다. 스테인레스 스틸 숟갈로 요리를 하면 음식맛이 겉돌고 색깔이 너무 밝아 음식과 숟갈이 따로 논다. 뭐니뭐니해도 산채비빔밥은 놋숟가락으로 비벼 먹어야 혀 가득히 감도는 구수한 맛이 나게 마련이다. 물론 그릇도 위가 넓적하고 운두가 낮은 놋대접 안에서 한동안 식을 줄 몰라 식욕을 돋운다. 백자그릇에 뽀얀 국물은 별로 어울릴 수가 없는, 같은 계열의 색깔일 뿐이다.

찻숟가락도 새 것으로 열 개나 있다. 유자 · 구기자 · 오미자 · 맥문동 · 인삼 그리고 쑥차들은 손잡이는 아예 생각지도 않고 구워낸 둥근 백자 찻잔에 담는다. 피나무를 손칼질로 파낸 국화무늬의 까만 찻잔받침, 그 위에 놓인 윤택이 나는 노르스름한 놋쇠 찻숟가락은 색깔의 조화로도 차 맛이 깊을 게 틀림없다. 언제던가 사당동 큰댁에 갔다 나오는데, 형님이 둥글고 바닥이 평평한 뱅뱅두리(국그릇) 세 개를 들고 나오셨다. 하나는 내 손아랫동서를 주고, 두 개는 내 가슴에 안겨줬다. 형님의 시모님 그러니까 내겐 시댁으로 큰어머님이 쓰시던 것이라고 했다. 역시 장손댁은 다르구나 싶었다. 바닥을 살펴보니 맨 가운데 동그라미 안에 '㉠'이라고 찍혀 있어 안성에서 만든 표지인 것 같았다. 그때 너무 좋아하지 말았어야 했다고 지금도 후회하고 있다. 내가 놋그릇 좋아하는 걸 어떻게 알았느냐면서, 숨길 줄 모르는 성격이 한바탕 수선을 떨었던 것 같다.

형님의 친정 동생이 내 곁으로 가까이 오면서, 자기 언니는 시집 식구들만 생각하지 친정 동생은 한 번도 뭘 주는 걸 못 봤다고 불평을 해서, 얼른 한 개를 양보하여 나누어 가지자고 했다. 집안 어른이 쓰시던 물건이라 아들 내외 몫으로 썼으면 좋았을 거라고 여겨진다. 처음부터 한 개만 받은 손아랫동서를 며칠 전에도 만났는데, 자꾸만 뱅뱅두리 생각만 났다. 양보하라고 말을 건냈다가 거절당하면 나는 무안하고, 동서는 괴로울 거고, 거꾸로 동서가 나를 보고 양보하라면 나는 슬퍼질 것만 같다. 더군다나 그날 동서는 하얀 면수로 된 민소매 윗옷을 며느리와 내 것 둘을 만들어 가지고 왔는데, 치수가 마치 잰 것처럼 꼬옥 몸에 맞기까지 했지 않았던가.

내가 정말 가지고 싶은 물건은 구리와 주석을 합금하여 두드려 만들어 은은한 광택을 내는 노르스름한 방짜 유기方字鍮器다. 누구나 남에게 선물을 할 때 평소 자기가 가지고 싶었던 물건을 하게 마련이다. 10년 전 맏딸이 내과 레지던트 시험에 합격한 무렵이었다. 옥바리 반상기는 속이 지나치게 오목한데다 뚜껑 위에 꼭지가 있어 약간 튀는 것 같고, 합반상기는 뚜껑조차 너무 평평해 모양새가 너무 평범하여 멋이 없어 보였다. 그릇 위가 바라지고 운두가 나직해 보이는 방짜로 된 연잎 모양으로 생긴 연잎 칠첩 반상기를 어느 분께 선물을 했다. 그때 열두 달 할부로 계산을 끝냈고, 10년이 지난 지금도 내가 좋아하는 방짜그릇은 장만 못하고 있다. 칠첩 반상기보다는 갑절이나 비싼 제기를 장만하고 싶은데, 영 엄두를 내지 못하고 있다. 자식을 위해선 방짜 칠첩 반상기를 선뜻 선물하는 용기를 냈으면서, 돌아가신 시부모님께 인색함에 죄송스러울 뿐이다. 겨우 생각해 낸 것이 인간 문화재 이봉주씨의 이름이 박힌 방짜 수저 두 벌을 마련하여 제사상에 놓고 있는 속 좁은 맏며느리일 뿐이다. 올해는 윤달이 들어 8월이 두 번이나 있다는데, 제기는 그만 두고라도 시부모님 주발 · 대접 한 벌이라도 마련해서 작은 행복을 계속 새겨보고 싶다.

1995. ≪自由文學≫가을호

명아주가 있는 철길

작은 무쇠솥 이야기

깊은 갈색 눈도 젖어 있었는데

작은 우주

콩나물죽만 먹던 시절

가보 만들기

놋그릇

소금과 후춧가루통에 대한 명상

명아주가 있는 철길

동소문 살 때는 남편과 함께 비오는 날만 빼고는 정릉 약수터에 가서 매일 아침 나무와 풀의 향기 그리고 흙냄새까지도 흠씬 맡을 수 있었다. 맑은 산새들의 지저귐도 들렸고 뻐꾸기 소리에 귀를 기울일 적도 있었다. 지금은 새벽 산책할 곳 하나 없는 답답한 동네에서 5년이나 살고 있다.

왕복 8차선 넓은 찻길을 건너면 버스 정류장이 보인다. 그 버스 정류장에서 다음 버스 정류장 길이만큼이나 길게 철길 따라 길쭉한 다이아몬드 모양으로 엮은 철망으로 철책이 쭈욱 쳐져 있다. 그 철망 사이로 명아주들이, 트럭 · 버스 · 택시 · 오토바이 등이 질주하는 쪽으로 기를 쓰고 얼굴을 내어밀고 있다. 그 이유를 생각해 보니 찻소리가 시끄럽긴 해도 햇볕이 잘 드는 쪽인 때문이다.

옛날 증기 기관차가 연기를 뿜으면서 달렸을 땐 칙칙 폭폭 뛰— 하며 고향 같은 기적 소리를 냈지만, 요즈음 디젤 기관차의 소리는 신세대를 닮았는지 이해할 수 없는 싱거운 소리를 내뱉는다.

수색 쪽에서 덜컹덜컹 쿵 리듬을 싣고 기차가 달려오기 시작하더니 뛰— 하고 마치 연습하는 관악기를 불어대듯 숨을 내뿜는다.

어렸을 땐 쑥떡도 많이 먹었지만 고추장에 무친 명아주 나물도 자주 먹었다. 명아주 잎을 따는 일은 내가 걸어온 발자취의 그림자를 조용히 돌아보게 만든다. 손톱 끝에 쑥색 명아주 잎사귀 물감이 들기 시작하는 것도 재미있다.

누군가가 등 뒤에서 약에 쓰려고 뜯느냐고 묻길래, 그냥 옛날이 생각나서 뜯고 있을 뿐이라고 대꾸했다. 오십대 후반인지 육십대인지 허름한 차림의 할아버지 곁에, 사십을 금방 넘었을 것 같은 중년 여인이 양 미간을 찌푸리기까지 하며 서 있다. 명아주가 뭔지 모르는 세대라 이해가 가지 않는 모양이었다.

새벽 버스 정류장에 서 있는 사람들은 옛날부터 알고 지냈던 사람처럼 수수하고 편안하게 보인다. 명아주를 아는 시골에서 어린 시절을 보낸 사람들처럼 보인다. 이번엔 오십대 여인이 어떻게 해먹느냐고 묻길래, 고추장에 무친다니까 할아버지는 된장으로 버무려도 맛이 있단다. 들에서 나는 풀은 성인병에 좋다고 할아버지가 또 한번 말을 잇는데, 나는 공연히 신이 나기 시작했다. 주위에 있는 깊은 땅속의 수많은 영양과 기를 몽땅 빨아들여 명아주는 영양가가 가장 많을 거라고 했다.

명아주는 번식이 강해 어디서나 잘 자라며 줄기가 굵어지면 지팡이도 만드는데, 아주 가볍고 좋다는 말까지 덧붙였다.

명아주를 뜯으며 철책 안을 살피는 건 여간 흥미로운 일이 아니다. 철로와 철책 사이 빈터엔 누가 심었는지 보랏빛과 흰빛 무궁화꽃이 어울려 서 있고, 호박넝쿨이 두 줄로 깔린 철길까지 극성스럽게 기어오르고 있다.

잎은 어긋났고 작은 잎은 열 개도 넘게 새 깃 모양으로 길게 갈라진 위에 꽃잎이 다섯 개인 노랑 딱지꽃도 보이고 작은 꽃들이 소근대며 모여있는 흰 어수리꽃도 가끔 내 눈에 띈다.

어수리보다는 조금 크지만 앙증맞은 민백미꽃이 하도 예뻐 가위로 원 줄기를 자르니 흰 즙이 쏟아졌다. 민백미꽃 혈관을 건드린 것 같아 섬짓하고 미안해진다.

뭐니뭐니해도 지천으로 있는 건 명아주보다 이름모를 가시덩굴 줄거리와 잎사귀가 극성스럽게 철책을 뒤덮어 버리고 있는 것이다.

8 · 15광복 전 해쯤인 것으로 기억되는 초등학교 시절 일본 선생들이 바로 여기 있는 가시덩굴 줄기를 가지고 오게 했다. 줄기를 말려서 삶았는지 삶은 다음 말렸는지 순서는 기억이 안 나지만, 말린 걸로 한 사람 앞에 한 관씩 가져오게 하였다.

그걸로 무슨 군함의 밧줄로 쓴다는 얘기가 있었다.

그때 여기 저기 수소문 끝에 사람을 시켜 해결해 주셨던 어머니가 세상을 뜨신 지도 일년반이 지나가고 있다.

잎자루의 끝에서 여러 개의 주맥이 뻗어나온 손 모양을 한 잎사귀라 빨간 단풍잎을 닮은 것 같아 봐 줄만한데, 줄기엔 눈에 잘 안 띄는 무색의 잔가시가 돋아나 곁에 얼씬만 해도 치맛자락이며 장딴지에 사정 없이 휘감기며 붙어버려 질겁을 하게 된다. 따가운 찐득이 가시도 가시지만 지금도 내 손으로 가는 줄기조차 자를 수 없을 만큼 억세고도 질기다.

철책 안엔 드문드문 채마밭이 보인다. 배추 · 참깨 · 가지 · 토마토 따위가 보이고, 콩밭 앞에서 담배를 피워 문 사람이 힐끔 나를 돌아다본다. 흰 등산모를 눌러 쓴 깡마른 노인이다.

문제의 가시덩굴의 이름을 물으니 모른단다. 명아주를 따며 오가는 사람 아무에게나 물어보았지만 한 명도 아는 사람이 없는데, 한 칠십은 됐음직한 할아버지가 '까끄르미'라고 한다. 반갑고 고마워서 고향을 물으니 전남 고흥이라고 했다.

모래내 쪽으로 내려가며 명아주를 뜯을 땐 못 보았는데, 내려가던 길을 다시 되돌아 올 때 정말이지 기막히게 예쁜 거미줄 하나가 눈에 들어왔다. 철책과 철책 사이를 이은 틈 사이에 손바닥보다도 작은 거미줄에 투명한 작은 물방울이 바르르 떨고 있지 않은가.

거미는 낮에는 숨어 있다가 저녁에 줄을 친다더니, 아무리 살펴 봐도 거미는 안 보인다. 가로 짜낸 가는 거미줄에 이슬방울이 쪼르르 줄을 서서 떨어질 듯 말 듯 매어달렸는데, 거미줄이 미풍에 하늘대도 그냥 그 자리에 꼼짝 않고 반짝이고만 있다. 거미줄에 매어달린 이슬방울을 들여다보니, 맑고 부드러운 피아니시모의 소리가 먼 곳에서 들리는 것만 같다.

거미줄에 이슬방울이 맺혔으니 오늘은 맑고 화창한 하루가 되겠지… 거미줄 아래 명아주들이 유난히 탐스럽게 보인다.

1995. ≪수필공원≫ 겨울호

작은 무쇠솥 이야기

나는 요즈음 무쇠솥에 밥을 짓는다.

압력솥 안에 모아 뒀던 김을 갑자기 터뜨려 놀라버린 밥알에다 감히 견줄 수가 있겠는가.

흑태는 솥 밑에 깔아놓고 현미와 현미 찹쌀을 반반씩에다 수수 · 팥, 어느 때는 동부나 좁쌀 따위까지 섞어 검지손가락 첫 마디 길이만큼 담기게 밥물을 붓는다. 가스 불을 켜 15분쯤 지나면 맑은 밥물이 솥뚜껑 밑에서 쪼르르 내리기 시작하는가 싶으면 밥이 정신없이 끓게 되고, 다음에는 우유같은 밥물이 솥전을 타고 마구 흘러내린다. 뚜껑을 열고 잠시 뽀글대는 현미밥을 들여다보면 밥알이 통통 불기 시작했고, 팥알 중간께는 살짝 터지고 콩 · 팥 · 좁쌀 따위 여러 가지 잡곡들이 한데 어울려 물들어 있는 밥이 된다. 그것들은 마치 어느 화가의 그림 같다는 착각도 들다가, 밥내음 때문에 군침이 돈다.

이런 시각과 후각 그리고 미각의 즐거움을 남자들은 경험 못할 것 같아 재미있다. 솥뚜껑을 닫고 불을 약하게 만들어 놓고 한 5분 지나면 또 맑은 밥물이 솥뚜껑을 타고 두어 줄 솥전으로 흐른다.

여느 밥솥과 다름없이 무쇠솥도 30분 정도면 밥은 되는데, 눌은밥을 원하면 뜸들이는 데 30분쯤 기다려야 되고, 누룽지를 많이 눌리고 싶으면 한 시간도 괜찮다. 무쇠솥은 천천히 달궈지고 더 느리게 식기 때문에 누룽지는 좀처럼 타지 않는다. 시간에 쫓기는 사람은 여유 있는 주말에 눌은밥을 만드는 게 좋을 듯 싶다.

내가 본 무쇠솥 중 가장 큰 것은, 지금은 가볼 수도 없는 휴전선 이북 강원도 깊은 산골 할아버지 댁이었다. 8·15해방 삼사년 전 초등학교 겨울방학 때였던가, 아버지를 따라 그곳에 갔었다. 사랑방에서 문을 열면 작은방 또 작은방 문고리를 밀면 밖에 무지하게 큰 무쇠솥이 걸려 있었는데, 소 여물을 끓이는 큰솥엔 퀴퀴한 지푸라기 냄새가 몹시 났었다. 그 큰 무쇠솥이 걸린 부뚜막을 딛고 할머니가 계신 안방으로 갈 때마다 혹시 실수해서 데면 어쩌나 싶었다. 할아버지네는 마당편으로 난 사랑방 마루 빼고는 마루라곤 전혀 없는 방들뿐이었다.

솥뚜껑이라면 생각나는 게 또 있다. 다섯 살이 돼서야 겨우 말을 시작해서 큰이모는 내가 벙어리가 아닌가 의심도 했었다고 한다. 하루는 손가락을 쥐었다 폈다 하며 어머니가 도저히 알아 듣지 못하게 끙끙대서 뭐냐고 재차 물으니, 부엌에 무쇠솥 뚜껑을 가리키더라고 했단다. 먹을 것이 부족했던 시절 주먹에 뭉친 누룽지를 쥐어주며 애들 간식거리로 제일이었던 시절이었다. 지금 쓰는 무쇠솥을 본 것은 백화점 지하슈퍼에서였다. 무쇠솥 앞에서 머뭇거리니, 함께 갔던 친구가 고혈압에 당뇨병 환자 주제에 힘드는 일은 그만 두라고 팔을 끌어 그날은 단념할 수밖에 없었다. 손잡이가 달린 무쇠 번철燔鐵 위에 모밀 부꾸미를 지지는 아줌마를 두 번이나 되돌아보며 옆에 놓인 무쇠솥도 함께 훔쳐 보았다. 이튿날 퇴근길에 장을 보자고 남편에게 차를 부탁했다. 다른 찬거리보다 나는 무쇠솥이 사고 싶어서였다. 무거워서 다루기 힘들고 손이라도 데면 고생한다고 친구는 못 사게 하더라는 말을 미리 했는데도, 내 예상과는 다르게 남편은 사고 싶으면 가지고 가는 수밖에 없다고 했다. 솥은 크기가 세 종류인데 제일 작은 것은 밥이 끓기 시작하면 넘는 게 귀찮을 것 같아 5인용인 중간 걸로 샀고, 남편 몰래 작은 번철도 함께 싸달라고 했다.

세제로 깨끗이 닦고 쌀뜨물에 끓여낸 다음 가스 불에 올려놓고 식용유를 골고루 바르면서 태웠다. 신문지도 뜯어 솥 안에 넣고 까맣게 태운 글음으로도 열심히 문지르며 이틀씩이나 길을 들였다. 솥 크기야 한 뼘이 조금 넘는 정도로 그리 큰 편이 아니지만, 무게는 한 관이 넘으니 친구 말마따나 추스르기가 힘들다. 걸게 된 솥처럼 솥 몸의 바깥 중턱에 댄 쇳조각이 달린 솥전이라도 있었으면 뜨거운 솥을 드놓는 데 덜 불편했을 건데. 두꺼운 마른 행주를 양손에 들고 바빠야만 되고, 솥뚜껑 꼭지까지 뜨거우니 이래저래 뜨거워서 쩔쩔매게 된다.

둥근 번철 양쪽에 손잡이가 있지만, 그것도 달궈지면 무쇠라 뜨겁기는 마찬가지다. 아무리 뜨거워도 밥솥과 함께 무쇠 번철도 내 마음에 꼬옥 든다. 얇게 저민 생선에 밀가루를 바르고 달걀을 익혀 기름에 지진 저냐, 찹쌀가루나 수숫가루를 반죽해 넓고 둥글게 지진 전병 같은 걸 지짐질할 땐 쉽게 타지 않는 무쇠 번철이 제격이다.

나는 짙지도 않고 흐리지도 않은 적당히 검은 따뜻한 무쇠 빛깔이 마음에 든다. 검은 빛깔도 마음에 들지만, 약간의 무쇠 맛과 함께 어우러진 음식이 엇구수해서 좋다. 우리 몸의 피는 주성분이 헤모글로빈이고 헤모글로빈의 주성분은 철분이라는데, 우리 조상들은 검은 무쇠솥에 밥을 지어 먹어 자연스럽게 철분을 섭취했다고 한다. 내가 어렸을 때 닭 싸움에서 진 우리 집 수탉에게 외할머니가 무슨 쇳가루 같은 걸 먹인 것 같은데, 철분鐵粉이라는 강장제 약이 있다니 그런 것이 아니었나 싶다.

내가 무쇠솥을 아끼면서 쓰고 있는 이유는, 구수한 누룽지와 숭늉 맛을 즐기기 위함도 있지만, 그보다는 자꾸만 아름답게 떠오르는 옛날을 그리워하고 싶은 마음인지도 모르겠다.

1997. ≪수필공간≫ 제2집

깊은 갈색 눈도 젖어 있었는데

1996년 9월 11일 14시 20분.

곧 잭슨빌 국제공항에 도착한다는 기내방송이 들렸다.

창 밖을 내려다보니 눈이 부실 지경으로 화창한 플로리다 땅, 짙은 녹색 숲이 넓게 펼쳐져 있다. 전나무나 참나무 아니면 떡갈나무들이 어우러져 있는 거겠지. 서울로부터 열다섯 시간이나 걸려 비행기를 탄 까닭으로 잠시나마 녹색 숲들이 피곤한 눈을 달래 주는 듯했다. 넷째 딸애가 전화로 둘이 마중 나온다고 했는데, 어떻게 만나는 게 좋을까. 딸애와 만나거나 헤어질 순간들은 늘 버릇처럼 잠시 꼬옥 감싸 안으면 말이 필요 없었는데, 열흘 뒤면 사위가 될 미국 청년 조오도 안아주면 어떨까. 사실 조오는 석 달 전에 첫 대면을 했으니 이미 구면이 된 셈이었다. 기체가 급강하하기 시작했다. 늘 그랬듯이 양쪽 검지손가락으로 귀를 막고 눈을 감았다. 기내용 트렁크를 힘들게 끌고 비행기에서 내리니 딸애가 엄마를 부르며 오른 손을 높이 드는 모습이 보였다. 그 옆에 블루진 바지 위에 엷은 올리브 티셔츠를 받쳐 입은 조오도 환한 미소를 지으며 서 있었다. 갈색 머리에 갈색 눈 그리고 갸름한 얼굴이라 두상이 작아 보이는데, 약간 턱이 앞으로 나온 것 같으니 후분後分은 좋겠지. 비행기 안에선 따뜻한 만남을 만들어 보겠다고 머뭇거렸는데, 웬일인지 딸애조차 안아 주기는커녕 손도 내어밀지 못하고 말았다. 잠시라도 지나간 기회는 다시 되돌릴 수 없는 법. 조오에게 티셔츠 색깔이 예쁘다고 딴청을 부리니, 고맙다면서 좋아했다. 사실 조오의 흰 얼굴에 갈색 머리 그리고 엷은 올리브 웃옷은 묘한 조화를 이루어, 깔끔하면서도 부드러워 보였다.

우리나라 젊은 사람들이 검은 머리를 갈색으로 탈색하는 까닭도 짐작이 가는 것도 같았다.

트렁크 바퀴가 구를 때마다 마치 양철이 찢어지는 듯한 불쾌한 소리를 냈다. 딸애가 눈짓을 하니 조오가 받아서 끌어줬다. 진작에 얼른 받았으면 좋았을 걸 하다가, 남자가 너무 눈치 빠르면 오히려 얄미울 거라고 생각을 바꿔 버렸다. 디트로이드 공항에서도 트렁크 바퀴소리 때문에 지나가는 사람들이 쳐다봐서 창피했다고 하니, 조오가 고칠 수 있다고 했다. 뭣 때문에 힘들게 무거운 짐을 가지고 다니느냐고 딸애가 말했지만, 보원요寶元窯 김 선생이 주신 결혼 선물이라니까 금방 얼굴이 밝아졌다. 트렁크 안에는 백자 반상기 한 벌로 가득찼고, 유약을 바르지 않아 마치 피어 오르는 살색 같은 화병도 조심하느라 가슴에 안고 내내 긴 여행을 한 셈이었다.

88올림픽 때였으니까 지금으로부터 꼭 8년 전 일이다. 뉴욕에 있던 둘째 딸애가 미국 청년과 결혼한다는 청첩장을 받았던 생각이 난다. 그때 충격이 커서 입원도 했고 퇴원하고는 신경정신과에도 드나들었다. 먹는 일이 없으면 무슨 재미로 사느냐고까지 하며 먹는 것을 좋아하던 내가 아무런 음식도 못 먹는 건 말할 것도 없고 머리는 빠개질 듯이 아프고 목도 마르지 않는 이상스런 증상이 나타났다. 은행에 볼일로 갔다가 마침내 바닥에 쓰러지고 맏딸이 서둘러 입원까지 시켜줬다. 심전도 검사 · CT · 내시경 그리고 별의 별 촬영을 다했건만 마음의 상처는 X선으로 찾아낼 수 없을 게 뻔했다. 주위에서는 점잖은 줄 알았던 남편이 바람이 났다는 둥, 계가 깨졌든지 누구에게 돈을 떼었을 거라고 쑤군거렸다. 그 무렵 전국적으로 대학생들 시위가 극성을 부릴 때라 남편이 잠도 못 이루고 지병인 혈압이 올라가 젊은 교수들이 집에까지 찾아와 입원시키라고까지 했다. 남편이 눕게 되면 큰 일이니까 미국서 온 결혼 청첩장은 우선 비밀로 하자고 맏딸에게 부탁하니, 그애도 찬성을 했다. 남편이 염려돼서 비밀로 부친 일이 오히려 내가 먼저 쓰러지고 만 꼴이 되었다. 허락을 받으려고 애써 보다가 끝내 안 되면 자기들끼리만 결혼을 먼저 해버리면 어쩔 거냐는 계산이 둘째 딸애의 생각인 것 같았다. 하기야 부모보다는 남편과 함께 살 날이 세 갑절 아니면 네 갑절도 될 수 있는 긴 세월인데, 부모와는 절교를 하는 일이 있어도 자기의 사랑쪽으로 용단을 냈던 것 같다. 둘째 딸 결혼식에는 형편상 갈 수 없다는 핑계보다는 갈 생각은 꿈에도 없었다.

9월21일 오후 5시, 해군 항공기지 교회에서, 조오와 넷째 딸애 결혼식이 시작되었다.

첼로 · 바이올린 그리고 플루트로 이어지는 조용한 음악은 파카벨의 캐니온이었다. 까만 양복을 입은 남편이 흰 웨딩드레스로 예쁘게 단장한 딸의 손을 잡고 식장으로 들어서는데, 마치 심장이 굳어버리는 듯 싶었다. 어미와 함께 지낸 건 16년, 미국에서 7년을 공부한 다음 귀국하라고 해도 미국이 좋다고 버틴 게 9년이나 되니, 미국에서도 16년을 산 셈이다. 왠지 딸을 미국 청년에게 뺏기는 것이 불안하다. 며칠 전 나는 차라리 아들이 서양 여자를 데려오는 쪽이 나을 것 같다고 했더니, 남편은 펄쩍 뛰며 딸은 시집 가면 그만이니까 딸이 미국 남자에게 가는 편이 훨씬 낫단다. 아들은 벌써 얌전한 우리 한국 여자와 결혼했고, 검은 눈동자와 검은 머리로 태어난 네 살짜리 귀여운 손자까지 두었으니 해당이 안 되는 것은 말할 것도 없다. 자식들 결혼은 반대해보았자 서로 마음의 상처만 남을 뿐 별 수 없어서 넷째 딸애는 그저 한마디 반대 의사 없이 결혼을 승낙한 셈이다. 아들 가족은 노스 캐롤라이나에서, 맏사위는 위스컨신에서 내려왔고, 한국에서 맏딸이 일곱 살짜리 아들까지 데리고 왔으니, 오클라호마에 있는 둘째 딸애만 빼고 우리 가족 전부가 모였다. 셋째 딸애만 아직 결혼 전이라 혼자 사는 그애 집은 며칠 동안 어수선하였다.

서로 마주 보고 서게 한 다음 신부의 오른손과 신랑의 오른손을 잡게 해주고 단에서 내려온 남편이 내 옆자리에 와서 앉는데, 힘이 빠지는 소리가 들리는 듯했다. 남들에게는 8년이나 입을 다물고 있던 둘째 딸 결혼이었는데, 어지간히 세월도 흐르고 우리 둘은 너무 늙어버린 것 같아 쓸쓸해졌다. 혼례식 전날 리허설 때, 목사님이 사진은 식이 시작되니 전과 끝난 뒤에만 찍어달라는 부탁이 있어 비디오 같은 것도 찍지 않으니 예식은 엄숙했다. 결혼식이 끝난 다음 교회 문 밖에서 조오 어머니를 보자 나도 모르는 사이 그러안으니 주책없이 눈앞이 흐려졌다. 자기 아들이 내 딸에게 잘해줄 거라고 나를 안심시키며 자기도 눈물을 글썽거렸다. 좋은 쪽으로만 생각하고 싶어지는 게 신기한 일이었다. 우리는 닭띠 동갑내기인데, 조오 부모도 우리보다 열두 해 위인 닭띠 동갑 부부라니 좋은 징조인 것 같다. 남편은 무엇보다 그분들 둘이 미국사람이면서 아무 탈 없이 해로하고 있다는 것이 마음에 든다고 했다.

나는 늘 쓸데없는 생각과 행동을 번갈아가며 어리석게 살아가고 있다. 동창회에서 친구가 손주 자랑을 하면, 제 손주 자기

나 예쁘지 남이 왜 귀여우냐고 속으로 빈정댔는데, 내 손주 생기니까 손주 사진첩까지 만들어 돌리며 자랑했었다. 그뿐인가. 몇해 전 어느 분이 프랑스 사위 얘기를 글로 쓴 것을 읽고 창피한 줄도 모른다고 속으로 비웃었는데, 나는 미국 사위를 둘씩이나 두었으니 한심한 꼴이 된 셈이다.

결혼식이 끝나기가 무섭게 가족들이 뿔뿔이 자기들 집으로 떠났고, 우리 부부는 이틀을 셋째 딸애 집에 머물다 한국으로 돌아오기로 하였다. 떠나는 날 셋째 딸애 차로 공항에 도착하니 넷째 딸애와 사위가 먼저 나와 기다리고 있었다. 우리는 시간이 충분해서 커피도 한 잔씩 들었다. 말수가 적은 남편인데 조오에게 쉴 새없이 말을 하고 있는 모습이 왠지 나를 불안하고 서글프게 만들었다. 잠시 후 우리는 헤어져야만 되었다. 나는 딸애를 그러안고 조오에게 귀염받고 시부모님께 자주 안부드리고 조오 형제 생일도 잊지 말라고 두서없는 당부를 했다. 남편은 딸애에게 잘 못해주어 미안하다고 하더니 갑자기 등을 보이며 바지 주머니에서 손수건을 꺼냈다. 맏딸 시집 보낼 때도 이런 일은 없었는데. 내가 조오 앞으로 얼른 가서 그러안으니, 조오는 와줘서 고맙다고 말했다. 나는 목이 아려와 한마디 말도 나오지 않았지만, 분명히 조오의 깊은 갈색 눈도 젖어 있는 걸 보았을 뿐이다.

1997. ≪수필공원≫ 봄호

작은 우주

영화 〈마이크로코스모스(Microcosmos)〉화면 앞에 앉았다.

높이 뜬 새털 구름을 제치고 풀밭 속으로 몰래 숨어본다. 숨소리를 죽이고 귀를 기울이자니 눈도 크게 떠진다. 나비들의 날갯짓 소리와 나방 벌레가 기어가는 소리, 심지어 개미 한 마리가 물방울을 마시는 소리까지 들린다. 찌는 듯한 여름 한낮 숲속 곤충들의 소리는 묘한 화성을 이룬다. 2부 · 3부인가 싶었는데 4부로까지 나뉘면서, 서로 다른 선율로 합창을 한다.

이럴 때 바로토크(Béla Bartók, 1881~1945)의 〈미크로코스모스〉 속에, 겹음에 대한 멜로디쯤 배경음악으로 깔면 어떨까 싶다. 많은 사람들이 기억하듯이 바르토크는 헝가리가 자랑하는 현대 음악의 대표적 피아니스트이며 작곡가이다. 그는 네 살밖에 안 된 둘째 아들 페테르(Péter)의 피아노 공부를 위해

153곡의 소품이 들어 있는 ≪미크로코스모스≫라는 여섯 권의 책을 만들었다.

가만히 열 손가락을 건반에 올려놓고 악보를 짚어 가노라면 조금은 생소한 묘한 소리를 느끼게 된다. 서양 음악이면서 때로는 동양적인 리듬이 깔려 있어 가슴속으로 스며드는 다정함도 있다.

농업학교 교장이던 아버지는 바르토크가 일곱 살 때 세상을 떠났고, 그후 역시 학교 선생님이었던 어머니를 따라 여러 지방으로 옮겨 다닐 수밖에 없었다. 그는 여러 고장을 다니면서 수많은 민요와 무곡들을 수집하면서 향토적인 소재에서 새로운 영감을 얻어 작곡을 했다.

나에게는 부끄러운 기억 한 가지가 있다. 전공도 못한 주제에 겁도 없이 어린이들에게 여러 해 동안 피아노를 가르친 일이 있는데, 누구에게나 바르토크의 〈미크로코스모스〉를 가까이 하게 했다. 어린이들은 다른 책들은 앞쪽에 놓고 바르토크를 늘 보면대譜面臺 안쪽으로 세웠지만, 바르토크를 가까이 하다보면 악보도 빨리 보게 되고 소리를 듣는 귀도 좋아질 거라는 생각에 애들에게 부담을 주곤 했다. 그 시절에는 독서실도 없었던지 비좁은 문간방 구석에선 고등학교 삼학년짜리 맏딸이 암기 과목을 익히느라 연방 중얼거리는데, 바로 옆 피아노 앞에 앉은 초등학교 일학년짜리는 좋아하지도 않는 바르토크를 두드려야만 했다.

바뀐 화면 위에 나방 애벌레가 차례차례로 움직이기 시작한다. 한 마리가 움직이니 바싹 뒤로 다른 한 마리가 쫓아가고, 그 한 마리 뒤에 또 다른 한 마리가 따라 붙어, 열 마리 스무 마리 오십 마리 일흔 마리, 셀 수 없는 나방 애벌레가 꼬리에 꼬리로 빈틈없이 이어, 마침내 애벌레들은 강강수월래라도 이룬 것 같다. 애벌레가 땅 위를 기어가는 모습에는 바르토크의 끊기지 않는 리듬이 어울릴 것도 같다. 순서를 기다리며 한 마리씩 움직이는 질서는 인간에게 부끄러움까지 불러 일으킨다.

언젠가 바르토크는 여름 휴가가 시작될 때 누에에게 먹이를 주면서 정성을 들여 키웠건만, 휴가의 마지막 날이 되었는데도 번데기가 되지 않았다.

그는 누에를 뽕나무 잎사귀에 조심스럽게 싸서 집으로 가지고 와 성장 주기를 처음부터 끝까지 관찰했다고 한다. 자연을 철저히 관찰했기 때문에 하나하나의 예술작품이 색다른 아름다운 소리로 우리의 가슴을 울려준 것이 아닐까.

이번에는 달팽이 한 쌍이 화면에 꽉 찬다. 두 마리가 더듬이를 길게 뽑고 서로에게 부드럽게 다가간다. 이쯤에서 바르토크의 야상곡이 끊기지 않게 아다지오로 흘러 나오면 좋겠다. 숨이 막힐 것 같은 애무가 계속된다. 이 세상에서 또다시 볼 수 없는 뜨거운 사랑의 포옹이다. 사람도 이처럼 아름다운 모습으로 사랑할 수 있는 건지 의문까지 간다.

지난 날 바르토크를 싫어하던 그 애들은 전공을 바꿔 바이

올린 · 첼로 · 성악 · 미술 그리고 문과로 뿔뿔이 제가 좋아하는 길로 갔다. 그러나 두 명 만은 미국으로 건너가 착실히 피아노를 공부하고 있는데, 그 둘은 어렸을 때 바르토크를 좋아했던 게 아닌가 하고 쓸데없는 짐작도 해본다.

음식을 먹으면서 바르토크의 바이올린 소나타를 듣는 것도 행복하다. 하지만 바르토크는 세미라미데 서곡(Semiramide Overture) 같은 좋은 음악을 들으면서, 사람들은 어떻게 음식을 들 수 있느냐고 은 스푼과 나이프를 식탁 위에 놓고 열심히 음악만 들었다고 한다.

곤충들의 사각거리는 작은 움직임에 귀기울이고 아름다운 바르토크의 음악을 듣게 되는 지금, 작은 우주를 어떻게 내가 사랑하지 않을 수 있으랴.

1997. ≪수필공원≫ 여름호

콩나물죽만 먹던 시절

콩나물을 보면 먹을거리가 부족했던 지난날이 떠오른다.

육이오가 지나고 구이팔 수복 직전 거의 일 년이나 못 다녔던 고등학교에 다니기 위해 한 분밖에 안 계신 을지로 외삼촌댁에 얹혀 산 일이 있었다. 부모님과 일곱 살 난 남동생은 피난지 청양에서 머물러 있었고 군산까지 피난간 외숙모는 채 상경하지 못했던 때였다.

외할머니, 외삼촌 그리고 아홉 살밖에 안 된 외삼촌의 맏아들과 함께 점심을 거르고 아침 저녁 두 끼를 입쌀에 콩나물을 섞어 쑨 멀건 죽으로 지냈었다.

무슨 보물찾기라도 하듯 깊숙한 양은솥바닥을 자루가 긴 나무주걱으로 저어보면 뿌리도 다듬지 않은 콩나물에 무슨 푸른 거섶이 더러 섞인 걸 보면 시금치였는지 다른 푸른색의 나물이었는지 지금으로서는 기억이 흐릿할 뿐이다.

헤아려보면 외할머니는 이미 삼십삼 년 전에 의정부 송산에 묻히셨고 외삼촌은 향년 팔십일 세로 지난 여름 배밭길을 한참 지나고 나서야 보이는 언덕 아래, 그러니까 당신의 어머니 곁으로 따라가 눕고 말았다.

외삼촌은 일제시대 일본으로 유학까지 다녀왔고 키가 크고 인물이 번듯한 데다 말솜씨가 뛰어난 것은 물론이고 뭣보다 약간 울림의 여운을 남기는 아주 듣기 좋은 낮은 음성을 지녔었다.

초등학교 시절만 해도 다음에 커서 결혼하게 되면 외삼촌 같은 남자에게 시집가리라 마음먹기까지 했지만, 중학교에 진학하고 고등학생으로 커가면서는 외삼촌에게 점점 실망이 커갔다.

하얀 깨끼저고리와 치마를 입은 외할머니를 커다란 대나무 의자에 앉혀 놓고 대문짝만한 캔버스 위에 초상화를 그렸던 여류화가가 있었나 하면, 연상이었던 우리 나라 최초의 여류비행사와도 신나게 다니는가 싶었는데. 어찌되었는지 그 대단한 여성들과도 얼마 가지 않았다. 그럴 때마다 번번히 여자들이 울고불고 외삼촌을 찾아다니느라 시끄러웠다. 수단 좋은 외삼촌도 여자들 교통정리만은 서툴어 늘 집안을 어수선하게 만들었다.

어느날 외삼촌 집에 식구가 하나 더 늘었다.

서글서글한 큰 눈이라 속눈썹이 짙고 눈 주위에 검은 그림자까지 물든 것처럼 보이는 키가 후리후리한 잘생긴 여인이었다. 바 같은 데 있었다는 풍문은 믿을 수 없게 화장기 없는 얼굴에 머리는 아무렇게나 느슨히 말아올리고 늘 위아래 흰 치마 저고리만 입고 지냈다.

아침 콩나물죽은 할머니가 쑤고 저녁 죽은 학교에 다녀온 뒤 늘 내 차례였는데 그녀가 맡아 해주니 훨씬 편해졌다.

위층에는 할머니와 내가 지냈고 외삼촌과 아홉 살 난 외사촌은 아래층에 그녀와 함께 지내게 되었다. 이층에 빈 방이 하나 더 있었지만 폭격에 맞았는지 천장이 무너져서 비가 새고 엉망이었으니까. 그때 왜 아홉 살짜리 동생을 할머니 방으로 올려 보내지 않았는지 지금에 와서 생각하면 외할머니와 외삼촌을 이해할 수 없는 대목이다. 그 무렵 외삼촌은 그녀에게 조카딸인 내게만 잘하면 다른 식구들은 문제가 없을 거라고 일러줬다는데 지내보니까 참 인정이 많아 마음이 든다고 했다.

외삼촌은 육이오 전에 큰 유리공장을 했다.

서울 시내는 물론 전국의 병원과 약국의 물약병은 아마 거의 외삼촌 공장 물건이었던 것 같다. 그때는 요즈음 같은 플라스틱병은 없었으며 어른대는 얼이 낀 맑지 못한 유리병뿐이었다. 약이 든 유리병은 똑바로 세운 채 조심스럽게 다루지 않으면 안 되었다. 약물이 새는 건 코르크마개였던 까닭이다. 육이오가 지났는데도 살림집 뒤편 큰 창고에는 유리병이 산더미처럼 그대로 쌓여 있었다.

아침 저녁 콩나물죽은 그녀가 쑤었고, 집안 청소도 도맡아

해서 방과 후 친구들과 놀다 조금 늦게 집에 와도 별로 거리낄 게 없었다. 석 달쯤 지낸 어느 날 외삼촌이 말도 없이 하룻밤 외박을 했다.

둘이 다투었는지 어쨌는지 기억에 없는데 그 후로는 밖에서 자는 날과 집에서 쉬는 날이 비슷한 비율이 되어 버렸다. 외삼촌은 국방색 군복에 모자 앞에는 'PRESS'라고 박힌 군모까지 쓰고 다니는 걸 보면 무슨 언론계 비슷한 데 관계했던 것 같다.

뭐는 뭐를 못 본다더니 외삼촌이 안 들어온 어느 날 그녀가 몸을 가누지 못하리만치 만취가 되어 울기 시작했다. 순간 불쌍하다는 동정심보다는 끓어오르는 구역질 때문에 나는 가슴 뛰는 소리가 크게 들리는 듯했다. 친가는 물론 외가를 통틀어 둘러보아도 여자들은 술 한 모금, 담배 한 대 피우는 사람을 못 보고 컸기 때문이었다.

외할머니는 아래층 복도를 왔다갔다하시며 어떡하냐고 서두르시기만 했다. 하두 청승맞게 울어대서 방문을 열어보니 앞가슴을 헤친 채 발버둥을 치고 있지 않은가.

나도 모른 사이 팔을 잡아끄는데 어찌나 무거운지 당해낼 힘이 없었다. 저고리를 잡아당기다가 다리를 들고 끄는데 어찌된 일인지 갑자기 봇물처럼 내 양 뺨을 거쳐 턱 밑으로 목줄기까지 뜨거운 것이 흘렀다. 바로 그때였다. 그녀가 비실비실 일어서기 시작하며 저고리 앞섶을 여미면서 한마디 대꾸도 남기지 않고 나가고 말았다. 외할머니는 외삼촌 오면 내쫓긴다며 붙들라고 성화를 댔지만 그만두었다.

외삼촌은 그날 밤 집에 들어왔는데도 아무 말 없었고 지난 여름 팔십일 세로 세상을 뜰 때까지도 사십오 년 전 콩나물죽만 먹었던 시절, 그 사건은 한 번도 입에 담은 적이 없었다.

다듬지 않은 콩나물로 죽을 쑨 건 조금이라도 양을 늘리려는 생각이었겠지만, 나는 콩나물 뿌리를 다듬어 콩나물 줄기로는 국을 끓이고 뿌리는 뿌리대로 나물로 만들어 먹었던 때가 있었다.

1958년 남산동 단칸 사글셋방에서 신혼 살림이 시작되었던 때였다. 김치에 넣을 미나리는 이파리를 떼어내고 마디마디 털이 난 뿌리 부분도 잘라버리는 게 보통인데 그게 아까웠다. 콩나물 뿌리와 미나리 이파리 그리고 털이 난 미나리 뿌리를 함께 끓는 물에 잠깐 데쳐내서 갖은 양념을 넣고 고추장에 무쳐 나물로 만들었다. 남편은 처음 먹는 반찬이라면서 맛있어 했고, 나도 한 번도 먹어본 적이 없는 나물이라며 덩달아 좋아했다.

미나리는 피를 맑게 해주는 정혈淨血과 해독 효과가 높은 식품이라 조그만 독성분까지 해독한다고 복어요리에는 빠지는 법이 없다고 한다. 식품을 연구하는 과학자의 얘기에 귀기울이기 전에 우리는 콩나물을 먼저 먹을 줄 알았다. 콩은 단백질과 지방이 풍부한 식품이긴 하지만 비타민 C는 전혀 가지고 있지 않은데, 콩나물로 키우면 비타민 C가 만들어진다고 한다. 하지만 배를 채우려던 콩나물죽과 콩나물 뿌리 나물은 지난날

물리지도 않고 맛만 있었다.

콩나물에는 아미노산과 아스파라긴산이 있어 알코올 분해를 도와주는 생리작용이 있다니 해장국에 콩나물, 북어국에도 콩나물을 좋아하는 남자들이 신기하다. 오직 콩나물이 좋으면 아스파라긴산 드링크까지 나왔을까.

오늘 저녁에는 입쌀에 콩나물을 겹지겹지 두어 콩나물밥이라도 지어볼까. 아니면 선지국은 어떨지 몰라. 고단백질인 선지국에 콩나물을 뿌리째 듬뿍 넣어 끓여보면 어떨까.

지금쯤 팔십쯤 되었을 아래 위 흰옷만 입었던 서글서글한 눈을 가진 그녀가 생각난다. 이제는 머리칼까지 백발로 바래 버렸겠지만 아직도 살아있다면 한 번만이라도 만나고 싶은 건 웬일일까.

1997. ≪목소리≫ 5집

가보 만들기

안방 머리맡에는 삼면이 거울로 된 앉은뱅이 경대가 있다. 금조개 껍질로 만든 자개들이 박혀 있는데, 구름도 몇 점 떠있고, 봉황 두 마리가 서로 마주보며 날개를 마음껏 펼친 모습도 보여 준다.

경대 위에는 흰색, 살색, 풀빛 그리고 하늘색 등의 옥으로 만들어진 자그마한 보석 곽들이 있고, 그 옆에 작은 액자 하나가 얌전히 서 있다. 철로 만들어진 이태리산인데, 사방이 잎사귀 모양으로 마주 보며 둥글게 꼬아져서 산에서 나는 고사리머리를 닮았다. 그 안에는 일부러 색깔을 낸 예술 사진처럼 엷은 갈색으로 바래버린 옛날 흑백 사진 한 장이 유리 밑에 끼워져 있다.

정확히 가로가 6.5센티, 세로가 9센티밖에 안 되는 크기 안에 어린 오누이가 조금은 긴장된 표정으로 천진하게 서 있다. 사진 뒷면에 '4269. 1.'이라고 적힌 걸 보면 누나가 아홉 살, 남동생은 네 살 때라고 짐작된다. 금년으로 일흔하나가 된 누나는 나의 형님이 되시고, 예순여섯이 된 동생은 나의 남편이다.

어떤 물건이든지 육십 년이 넘으면 골동품으로 볼 수 있다니 나는 그 사진을 우리집 골동품으로 간직하고 싶다.

누나는 앞 가르마를 타서 곱게 머리를 빗었고, 치마는 엷고 저고리는 진한 걸 보니 쑥색 저고리에 분홍 치마나 노랑 치마에 다홍 저고리쯤인지 모른다. 치마 앞자락에는 염낭까지 늘어뜨리고 있는가 하면, 발등을 가로 덮은 끈이 달린 가죽 구두도 신었다. 동생은 왼쪽 가르마를 타고 남은 머리는 오른켠으로 넘겼으며, 엷은 분홍색처럼 보이는 바지에 색동 마고자를 입은 모습이 누가 봐도 지금 미국에 있는 여섯 살짜리 손주로 착각할 만하다.

육십 년이 넘게 오래된 사진이라 귀하다는 이야기뿐만이 아니다.

너도 나도 살기 힘들었던 일제 시대였지만 남달리 그의 집은 가난했다고 한다.

날씨가 추운 섣달 어느 날, 전차를 타고 종로 3가에서 내려 익선동 집으로 가는 길에 땅에 무엇인가 떨어져 있었다고 한다. 누나가 얼른 주워 길을 건너는데 어머니가 더럽다고 버리라고 했지만, 그냥 손에 꼬옥 쥐고 따라 걸었다고 한다.

어머니가 뺏어보니 그 시절 가장 싼 오 전짜리 마꼬담배 껍질로 무엇인가 꼬기꼬기 쌌는데, 펼쳐보니 일 원짜리 지전 한 장과 오십 전짜리 동전 하나였다고 한다.

오누이의 사진 한 장은 바로 그 돈으로 마련했다고 한다. 밥도 많이 굶을 정도로 가난했다는데 쌀 장만 안 하고 사진 박아준 어머니가 나는 이해할 수 없는데 형님은 오히려 고맙다고 하신다.

사진 속의 남매는 인물이 훤해 아무리 들여다봐도 부잣집 자식처럼 보인다. 그 옛날 길가에서 주운 돈으로 남매에게 때때옷 입히고, 구두 사주고, 사진 찍어줬던 어머니는 벌써 십사 년 전에 하늘나라로 가신 나의 시어머님이시다.

아들 셋, 딸 셋, 육 남매를 둔 시어머님이 맏며느리인 내게 주신 물건은 하다못해 은가락지 하나도 없다. 하지만 몇 푼 안 줬을 볼품없는 바느질 가위 하나가 있다. 가위날의 길이가 한 뼘이고, 손잡이가 반 뼘이나 되는 무게도 꽤 나가는 큰 가위다. 엄지손가락과 나머지 네 손가락을 끼게 된 둥근 구멍에는 손가락 아플까 봐 흰 무명 헝겊으로 둘둘 말았다. 헝겊이 짙은 밤색으로 손때와 녹물이 들다가 삭아서 세 번쯤 두른 천이 한 켠에 조금 남았을 뿐이다. 이 무명 천마저 벗겨버릴까 어쩔까 아직 머뭇거리고 있는 중이다.

가위날이 맞물리는 둥근 못 아래는 도장이 아래위로 두 개 있는데, 위 도장은 古이고, 久는 아래쪽에 찍혀 있다. 오랫동안

길하라는 뜻인 듯싶다. 가위를 뒤집어보면 나의 시력으로 겨우 보이는 콩알만 한 토끼 한 마리가 엎디어 있는데, 이건 또 무슨 뜻인지 궁금해진다. 토끼띠인 나의 셋째 딸을 가장 예뻐해 주시던 생각은 왜 떠오르는지, 어머님이 몇 년이나 쓰시다 내 바느질 그릇에까지 들어오게 됐는지 전혀 짐작이 안 간다.

평택이 고향인 시어머님은 열여섯 살 때 두 살 위인 시아버님이 사시는 용인 창말이란 곳으로 시집오셨다고 한다. 어머님은 자그만 키에 얼굴이 작아 예쁜 편이셨고, 조용하고 얌전해서 바로 곁에 오셔도 깜짝 놀랄 만큼 발자국 소리도 내지 않는 분이셨다. 맏며느리인 나는 목청이 크고 수다가 많은 편이라, 혹시 어머니 쪽에서 실수를 했을 경우라 해도 번번이 내 쪽을 고약하게 바라보고들 했었다.

하루는 어머니가 뭔지 보자기에 싼 걸 가지고 오신 적이 있었다. 내가 좋아할 것 같다고 가지고 왔다면서 끌러 보이는데 잘 생긴 분원사기 술병이었다. 큰댁(종가)에 있던 물건인데 손주들이 그림 그리고 싶어한다면서 들고 나오셨다고 한다.

그저 얌전하기만 한 어머님이 어떻게 그런 말 수단까지 있으셨는지, 지금 생각해도 믿기지 않는 대목이다. 하기사, 어머님 시집올 때 가지고 온 물건이 왜 큰댁에 있느냐고 내가 아쉬워한 기억이 있긴 하다.

술병은 지금 삼면이 유리로 된 상자 속에 넣어 두고 있다. 어머님은 갑진생이니 사셨으면 올해 아흔다섯이니 칠십 년 전 물건이다.

나의 친정에도 이와 비슷한 분원사기 술병이 있지만, 9 · 28 수복 후 친정 아버지가 인사동에서 구하신 거로, 목이 길고 몸집이 길쭉한 데 비해 우리 것은 목이 짧고 몸은 풍만하고 둥글다. 시어머님의 친정 아버지께서 맏딸 결혼할 때 쓰려고 광주까지 가셔서 예쁜 걸로 골라서 주신 거라니, 많은 얘기가 이 병 안에 담겨 있을 것이다.

유리문은 열고 가만히 술병을 꺼내본다. 매끈하게 생긴 몸통을 조심스럽게 만져 보는데 가슴은 왜 이리 시려 오는 것일까.

1998. ≪계간수필≫ 가을호

놋그릇

무슨 냄새라고 말하면 좋을까. 부엌 찬장 오른편 문을 열면 묘한 냄새가 풍긴다. 어렸을 때 할아버지가 계신 사랑방 냄새 비슷하기도 하고 작은어머니가 불을 지피던 부엌 아궁이 위, 시렁 근처에서 나는 냄새를 닮은 것도 같다.

놋내음은 어쩔 수 없이 지난날 향수 속으로 깊이 잠기게 한다. 세 칸으로 된 찬장에는 모두 놋그릇으로 채워져 있다. 맨 위칸에는 밥통으로 썼을 한 아름이나 되는 커다란 합이 편안한 뚜껑으로 덮인 채 앉아 있고, 그 옆에는 크기가 옆에 것에 비해 반쯤 되는 걸 보니 떡이나 약식 같은 걸 담았을 것 같다. 볼록한 뚜껑 위에 꼭지가 달린 옥바리 7첩 반상기는 둘째 칸을 가득 차지하고 있다. 이것들은 은은한 광택을 내는 노르스름한 색이 유별나다.

남편이 나의 수필 〈놋숟가락 하나에도 작은 행복이〉(自由文學, 1995년 가을)란 글을 읽고, 함박눈이 펑펑 쏟아지는 어느 일요일 국립민속박물관에 가서 열 달 할부로 사준 물건이다. 이 많은 그릇을 어떻게 일일이 닦으려고 그렇게 좋아하느냐고 했고, 나는 며느리에게 물려줘 대대로 집안에서 쓰게 하면 얼마나 좋겠느냐고 했다.

맨 아랫칸 가득한 놋그릇은 고등학교 동창이 준 물건이다. 한 달에 한 번 만나는 동창 몇이서 커피를 마시는데, 요즈음도 글에 쓴 것처럼 놋그릇을 좋아하느냐면서 기왕이면 놋그릇을 가장 좋아하는 친구에게 주고 싶다고 했다. 맞은편에 앉았던 친구는 숟가락을 달라고 했다. 욕심이 많은 나는 몽땅 내 물건으로 만들고 싶었는데, 다음달 모임에서는 놋숟갈 두 벌은 나에게, 숟갈 하나는 다른 친구에게 주는 것이었다. 집에 더 없느냐니까 이것저것 많다고 했다. 그날 누구에게 빼앗길까 보아 서둘러 앞장을 세웠다. 내가 가지고 온 게 아니라 하도 많아서 친구 며느리가 차에 실어다 주기까지 한 건 말할 것도 없고, 무거워서 이층 우리집 현관까지 옮겨다 주고 갔다.

별 볼일도 없으면서 나는 일요일에 가끔 인사동 거리를 여기저기 기웃거린다. 놋숟가락, 놋방울, 놋대접, 놋화로, 놋요강 등을 길가에서 만날 때가 있다. 사지도 않으면서 번번이 가격을 묻곤 발걸음을 옮기곤 한다. 가격이 만만치 않기 때문이다.

그래도 욕심을 아주 버리지는 못해 한두 점씩 사들인 것이 이제는 찬장 빽빽이 들어선 맨 아랫칸을 들여다보면 저절로 신이 난다. 주발이 네 개, 대접이 세 개, 합이 두 개, 종지 네 개, 숟갈 두 벌이나 있나 하면 뚜껑이 서른 한 개나 된다.

이렇듯 귀한 놋그릇들을 친구는 시집 올 때 가지고 온 것들도 있다니 부럽기까지 하다. 나는 결혼을 반대한 친정 어머니가 너무 무서워 나 혼자 양은으로 만든 밥그릇, 숟가락, 냄비, 솥 등속을 남대문시장에 가서 장만해 신접살림을 꾸렸던 생각도 난다.

지름이 14센티 높이가 6.5센티가 되는 알맞은 크기의 합 하나는 내가 아무리 탐이 나도 우리 집에 둘 물건이 아니다. 둥근 바닥 윗부분에 '축 심상천 선생 회갑'이고 아래는 '여경구 증'이라 새겨져 있다. 중간에는 '서울 맞춤 특제품'이란 도장도 있다. 의사였던 시아버지의 친구가 선물한 것임이 분명하다. 여러 해 전에 세상을 떠난 친구의 남편도 의사였었다.

친구들을 만나는 날 제 집으로 돌려보낼 합을 분홍 보자기에 싸서 가지고 나갔다. 깨끗이 닦았으니 반드시 맏며느리에게 주라는 부탁과 함께 돌려주었다. 친구는 고맙다는 말을 여러 번 했다. 이 광경을 보고 있던 다른 친구들은 힘들고 귀찮게 뭣하러 놋그릇을 쓰느냐고 머리를 흔든다. 숟갈을 달라던 친구는 미나리 씻을 때, 물에 담그려고 단 한 개만 필요했다고 한다.

친구는 놋그릇이 귀찮아서 없앤다고 했지만, 남편이 아직

살아 있다면 내게 이렇게 많은 놋그릇을 주지 않았을지 모른다는 생각을 하니 마음 속으로 욕심낸 게 부끄럽기까지 하다.

아직도 우리 집에는 닦지 않은 놋그릇이 많이 남아 있다. 종지 두 개, 종지 뚜껑 네 개, 오목 뚜껑 두 개, 밥그릇 뚜껑 스물네 개, 요강 두 개이다. 인사동 놋점에서 산 광약은 잘 닦여지지 않는다니까, 숟가락 하나만을 원했던 친구가 사다 준 베놀(Wenol)이란 약이 다 떨어졌기 때문이다.

반상飯床이란 밥과 반찬으로 이루어진 상차림을 말한다. 반찬은 밥을 먹기에 적합한 여러 가지 음식으로, 밥과 반찬 이외에 국 · 찌개를 함께 모아 상을 차린다. 반상에는 반찬의 가짓수에 따라 3첩, 5첩, 7첩, 9첩, 12첩이 있다. 적게는 3첩, 5첩 지체 높은 집은 사대부집 9첩 그리고 임금님의 수라상은 12첩이라 들었다.

남편이 사 준 7첩 반상기에 친구가 준 반상기까지 합하면 12첩 반상기가 되고도 남는다. 여름에는 시원한 사기 반상기를 써야 하는데, 보온이 잘 되어서 겨울에 쓰는 놋그릇을 요즈음 자주 쓴다. 밥은 물론이고 돌나물, 물김치, 우럭 매운탕까지도 모두 놋그릇에 담아 놓는다. 음식이 맛도 더 있는 것 같고, 무슨 까닭인지 우리 부부가 품격이 한층 높아지는 것 같은 느낌도 든다.

1998. ≪수필공원≫ 가을호

소금과 후춧가루통에 대한 명상

부엌에 있는 큰 찬장 아래는 네 칸으로 나누어져 있는 작은 찬장이 붙어 있다. 네 칸이 모두 옆으로 여닫게 되는 작은 유리문이 달려 있다. 그 중에 오른쪽부터 둘째칸에는 소꿉장난 같은 조그만 물건들이 쪼르르 모여 있어서 내 집에 들르는 사람들은 으레 장식품들이냐고 묻는다. 그것들 가운데 가장 키가 작은 것은 도자기로 만들어진 한 쌍의 꼬꼬닭의 모습이다.

하얀 레그혼 몸통 위에 붓이 살짝살짝 지나가서 벼슬과 날개 부분이 주홍빛이 됐다.

수놈은 입을 벌리고 있는데 턱 밑에 구멍이 세 개나 뚫려있고 암놈은 입을 꼬옥 다문 채 하얀 배 근처에 구멍이 두 개가 있다. 몇 년 전 미국 벼룩시장에서 단돈 8달러 주고 산 물건이다. 우리 부부가 닭띠 동갑내기여서 내 눈에 빨리 들어온 것 같다.

프랑스 레이스로 된 흰 식탁보 위에 꼬꼬 한 쌍은 일년에 두 차례 놓인다. 우리 부부의 생일날 아침 식탁에.

해바라기꽃 한 쌍도 있다. 쑥색 잎사귀가 몸통을 이루고 윗부분에 노랑 해바라기꽃이 활짝 피어 있어서 쑥색 잎사귀가 노랑 우산을 쓰고 있는 것 같은 느낌도 든다.

이것들도 밤색 해바라기 꽃술에 구멍이 하나는 세 개 또 하나는 두 개 뚫려 있다.

해바라기꽃을 보면 늘 어두운 옛날이 떠오른다. 외갓집 마당 주위를 빙 둘러 쳐놓은 철망 가에 많은 해바라기 꽃들이 마치 그 집 담을 만든 것처럼 노랑색을 한껏 뽐내었다. 누구의 결정이었는지 모르지만 외갓집과 우리집을 나란히 지어서 샛문 하나만 열면 한 집 울타리나 다름이 없었다. 아버지는 그 시절 신문사에 다니셔서 처가 신세를 안 진 것 같은데 웬일인지 우리 부모님들은 매일 싸워서 집안이 늘 시끄러웠다.

어머니는 외할머니와 죽이 맞아 외삼촌을 남편이나 딸인 나보다 더 아꼈다. 아버지는 이북이 고향이고 혼자이셔서 언제나 쓸쓸해 보였다.

욕심이 많은 건지 모르겠으나, 나는 아들이 처갓집 곁에 사는 걸 좋아하지 않는 편이다. 아들이 처가 곁에 아파트를 장만하는 걸 행복해하는 사람도 보았다. 옆에 있으면 귀찮은데 처갓집에서 잘 봐줄 테니 너무 잘된 거라고. 남편이 바람나는 것보다 아들이 처가살이 하는 게 더 속상하다는 사람도 있지 않은가.

해바라기꽃만 보면 늘 집안이 시끄럽던 내 어린시절이 생각나지만 외할머니 · 어머니 · 외삼촌 이런 순서로 모두 이 세상을 뜨셨고, 작년 가을 아버지마저 돌아가셔서 지금은 올해 84세 되신 외숙모 한 분만 계신다.

수박 한 통을 반으로 갈라놓아 한 쌍이 된 것도 있다. 바깥은 쑥색 바탕에 검은 줄을 치고 반으로 갈라놓은 빨강 수박에 까만 점으로 찍어놓은 수박씨도 보인다. 이것들도 두 쪽을 모아 보면 한 쪽 위에 구멍이 셋, 다른 한 쪽엔 둘이 있다.

언젠가 내 생일카드 겉장에 안경을 낀 뚱뚱보 아줌마가 수박을 통째로 베어 물고 있는 게 있었다. 미국에 있는 셋째 딸이 보낸 거였는데, 카드에는 어렸을 때 수박을 사오면 냉장고에 넣을 자리가 없으니 어서들 먹어치우라고 엄마가 서둘렀던 일이 생각났다고 했다.

이번에는 마치 도자기 인형처럼 보이는 부부도 있다. 신랑은 까만 바지 위에 회색 재킷을 입고 밤색 나비타이를 맸으며 약간 옆으로 눈을 뜬 기쁜 표정이고 신부는 금발이며 하얀 웨딩드레스 앞에 둥근 분홍꽃 부케를 들고 있는데 파란 눈이 마냥 행복한 듯 빛나고 있다.

이것들이 서 있는 받침대에는 'BEFORE'라고 씌어있고 이것들을 한 바퀴 돌려놓으면 'AFTER'라고 쓴 받침대 위엔 남자는 찡그린 눈썹에 대머리고 팔 없는 흰 러닝셔츠에 하늘색 반바지를 입고 있는 데다 배가 나왔으며 여자 역시 뚱뚱해졌는데도 분홍색 홈드레스를 입고 있다. 오른팔에는 밀가루 반죽을 미는 밀대를 잔뜩 움켜쥐고 입 끝은 아래로 처져 있고 양쪽 눈썹 끝은 45도로 올라간 채다.

이것들의 결혼 전과 결혼 뒤를 보면 누구든지 재미있다고 웃지 않는 사람이 없다. 금발머리 위에 구멍이 셋, 남자 대머리 위에 구멍이 둘이 있는데, 신부와 결혼 후의 대머리를 세워보니 대머리가 보기 싫고, 바꾸어서 신랑과 결혼 후 뚱보 여자를 바라보니 이건 더욱 아니었다. 때문에 결혼 당시의 젊은 쪽 'BEFORE'를 앞에 보이게 늘 세워 놓는다. 이것들은 5월 18일 우리 부부의 결혼기념일날 식탁 위에 올려 놓는다.

뭐니뭐니해도 내가 가장 귀히 여기는 건 이태리 작가 알레시(ALESSI)가 디자인한 물건이다. 반짝이는 둥근 철판 가운데 한 뼘이나 되게 긴 안테나 같은 쇠줄이 꼿꼿이 서 있고 오렌지 빛깔로 된 계란 모양으로 생긴 얼굴에 발이 두 개 달린 우주인 같이 생긴 한 쌍이다.

어떤 사람은 쥐같이 보이기도 한다는데 도무지 꼬리모양 같은 게 눈에 안 잡히니 그저 나는 우주인으로 보고 있다. 한 개는 오렌지 빛깔이 더 진해서 붉은빛 쪽을 띠고 다른 한 개는 변해서 노란빛 쪽을 띤다. 양쪽 발바닥 가운데 자석 쇠못이 박혀 있어서 쇠줄에 갖다 대면 옆으로 쇠줄에 매어 달리는 게 귀엽기까지 하다. 진한 오렌지는 두 눈에 구멍이 있는데 엷은 오렌지는 얼굴 한가운데 눈이 하나만 뚫려 있어 정말로 우주인 같은 느낌이다.

서 있는 한 쌍의 꿀꿀돼지도 있다. 돼지띠인 맏딸 생각도 났지만 사위가 돼지띠가 아니어서 그냥 가지고 있다. 이들 피부가 흰 꿀꿀돼지 한 쌍은 똑같이 블루진 멜빵바지를 입고 서 있다. 수놈 꿀꿀돼지는 앞주머니에 S자를 달고 있고 암놈 꿀꿀돼지는 P자를 나타내고 있으니, 누구나 금방 소금과 후춧가루를 표시한다는 걸 짐작할 것이다. 수놈 꿀꿀이 머리 위에 구멍이 다섯, 암놈은 세 개가 있다. 암놈은 갈색 머리를 두 갈래로 땋아서 분홍색 리본으로 옆에 붙이고 바지 뒷주머니에 역시 분홍 손수건이 꽂혀 있다. 수놈의 뒷주머니 안에는 연초록 청개구리가 얼굴을 내어 밀고 있는 모습은 재미있어 보이기까지 한다.

나는 한 달에 한 번씩 식탁보를 갈 때 소금과 후춧가루 통을 바꿔놓기를 즐긴다. 그때마다 남편은 어느 쪽이 후춧가루통이냐고 묻는다 P나 S표시가 없을 때는 구멍을 보라고 한다. 구멍이 많으면 소금이고 적은 쪽이 후춧가루라고 가르쳐 주지만 번번이 음식에 잘못 사용한다.

알레시의 우주인 소금과 후추통을 프랑스까지 연락해서 구해준 젊은 사진작가 김씨에게 꿀꿀이 한 쌍을 선물로 주어야겠다. 요즈음에사 그들 부부가 돼지띠 동갑인 걸 알게 됐으니까.

젊은 부부가 식탁에 마주 앉을 때마다 솔솔 얘기를 많이 나누며 작은 기쁨이라고 맛보게 하고 싶다.

1999. ≪현대수필≫ 가을호

3부

자수예찬

옷 정리를 하다가 노란 방석 커버 하나가 눈에 띄었습니다. 십자수를 놓은 회색 고양이와 밤색 고양이가 서로 몸을 대고 얌전히 앉아 있는 모습이 귀엽습니다.

사십 년 전 시집 올 때 내 손으로 한 땀 한 땀 놓아 만든 방석입니다. 부모님의 반대를 무릅쓰고 사 년 동안이나 참아 내며 나는 결국 좋아하는 사람과 결혼을 했습니다. 육십년대 초 미국 갈 때는 세간들 둘 곳이 마땅치 않아 모두 처분해버렸는데 이런 것이 아직도 남아 있다니 신기합니다.

요즈음 나를 즐겁게 만드는 건 어린 아기들과 꽃들을 보는 것뿐이지만 수가 놓아진 여러 가지 물건들을 만나면 행복해집니다. 어떤 분이 홍콩에서 구한 것이라면서 내게 준 노란색 가죽 동전 주머니는 내 핸드백 안에 있습니다. 주머니 한가운

데는 진분홍빛 모란 꽃잎 둘이 뺨을 대고 있고, 그 아래 하늘색 작은 들꽃 두 송이가 마치 애기꽃처럼 앙증맞게 박혀 있습니다. 자세히 들여다보면 꼰사로 놓은 손수입니다.

이불장에 꽂힌 열쇠 아래로 늘어진 전통자수의 노리개 하나가 있습니다. 한 이십 년 전 어떤 전시회에 갔다가 마음에 들어 구한 것인데 만든 사람은 이름을 거북 노리개라고 붙였다고 기억되는데, 두 마리의 학이 날개를 활짝 편 채 서로 얼굴을 마주보고 웃고 있는 것 같습니다.

학의 목과 잔등 그리고 날개까지 모두 가장자리를 금사로 돌렸는데 참, 구름까지도 금사로 멋을 냈습니다. 비둘기색으로 매듭을 했고, 비둘기 색술이 너무 길어 노리개라기보다는 야외 법회의 불구수식佛具垂飾같은 느낌입니다. 부처님을 모시는 연(輦=가마)을 아름답고 장엄하게 꾸미기 위한 장식품 말입니다.

양복장에도 다홍 수저집 하나가 매달려 있습니다. 매화꽃 가지에 두 마리의 새가 앉아 있습니다. 꽃과 꽃봉오리가 도드라져 나와 있어 수놓은 사람의 솜씨가 놀랍습니다. 입체감을 살리기 위해 솜 · 실 · 창호지 따위로 심을 넣을 수는 없는 게 꽃봉오리의 크기는 하나의 점같이 너무 작으니까요. 수저집을 만져보니 수저 대신 뭔가 종이 같은 게 만져집니다. 열어보니 두꺼운 한지 봉투가 들어있는데 봉투 안에는 '癸酉 二月 十四日 丑時'라고 내려쓴 붓글씨였습니다. 1974년에 돌아가신 시아버님이 손수 쓰신 남편의 사주입니다. 내가 거기에 넣었을 텐데 영 기억이 나지 않습니다.

안방 한쪽 벽에는 쌍호雙虎 흉배 두 개가 나란히 걸려 있습니다. 호랑이를 중심으로 물결, 구름, 바위, 불로초 등의 문양이 정교하게 수놓아져 있습니다. 당하관은 단호鄲虎문양이고 당상관은 쌍호 문양의 흉배를 달았다고 들었습니다. 지난해 남편 정년퇴임 기념으로 나의 친구가 손수 그린 두 쪽짜리 가리개를 선물했습니다. 민화로 그린 책거리 그림입니다. 방 한쪽 구석에 가리개가 앉아있고 바로 그 앞에는 둥근 유리로 덮은 제주함지가 앉아 있습니다. 그 안에는 가로가 한 뼘이 조금 넘고, 세로는 한 뼘이 조금 모자라고, 높이는 반 뼘밖에 못되는 작은 보석함이 있습니다. 앞과 뒷면 그리고 양면 그러니까 네 면에는 연꽃과 연잎이 있고 윗면에는 연꽃 아래 원앙 한 쌍이 서로 마주보며 물 위에 떠 있습니다.

연꽃잎들은 모두 분홍색으로 수놓아져 있는데 꽃잎 한 장씩은 아주 엷은 분홍빛에다 가장자리는 흰 빛깔로 착각할 만한 더 엷은 분홍색 푼사를 써서 자련수로 마감을 해서 입체감이 놀랍기만 합니다. 이 작품은 이대 출신인 유선생의 작품입니다. 물론 보석함을 싸게 되는 함보도 곁들여 있습니다. 한 쪽은 남색 다른 쪽은 홍색이고 한 모서리에는 네모 난 연두색 천을 덧달았는데 여기도 원앙 두 마리가 연꽃 아래 물 위에서 놀고 있습니다.

이것을 다음에 며느리에게 물려주고 또 그의 며느리가 계속 사랑하는 마음으로 간직해 주었으면 싶습니다. 유리 안을 들여다보면 태극문양, 매화꽃 그리고 오리를 수놓은 골무도 몇 개 있습니다.

나는 수놓은 물건들을 들여다보는 걸 좋아합니다. 자수들은 그림입니다. 섬세하고 자유롭게 사람의 마음을 표현한 그림이며 모양을 도드라지게 새긴 조각 같기도 합니다. 아니 그림이나 조각보다는 가슴을 더 부드럽고 따뜻하게 만들어 줍니다.

나는 심신이 지쳐 있을 때 음악을 듣습니다. 그리고 수 놓은 아름다운 물건들을 들여다보면 뭉쳤던 감정이 점점 부드러워지기 시작합니다.

1999. ≪목소리≫ 제7집

청계천 패션

나는 요즘 까만 긴 점퍼 스커트를 자주 입는다. 특별히 눈에 띄게 멋을 내려는 것도 아니고, 이 나이에 뭐 귀여운 분위기를 연출하고 싶어서는 더더욱 아니다.

백화점 같은 데 가면 오륙십대 할머니들이 입을 만한 큰 사이즈 옷들을 마련해 놓은 곳도 몇 군데 있지만 영 마음에 안 든다. 스커트는 허리선부터 주름이 들어간 플리츠 스커트 아니면 허리에 고무줄이 들어간 타이트 니트 스커트다. 이런 옷들은 나온 배를 더 강조하는 것 같아서 싫다. 까만 점퍼 스커트 안에는 흰색 · 분홍색 · 보라색 · 오렌지색 그 밖의 어느 색깔의 티셔츠를 받쳐입어도 좋을 것 같다. 특히 재질이 레이온 70%, 폴리에스테르 30%이니 신축성도 뛰어나고 구김도 없어 세탁기에서 꺼낸 다음 툭툭 털어 말리면 말짱하다.

민소매 · 반소매 · 긴소매 티셔츠와 긴 스커트, 긴 바지들도 몇 벌 있는데 혹시 구김살이 생겼을 때는 옷걸이에 걸쳐 놓고 분무기로 몇 차례 뿌려주면 거짓말처럼 얌전히 제자리로 돌아간다.

나는 뚱뚱하다보니 허리도 굵고 다리조차 짧아서 되도록 아래위가 따로 떨어지지 않고 하나로 된 원피스 스타일을 좋아한다. 구태여 투피스로 된 옷을 입으려면 심플한 라인의 스커트인 타이트 스커트를 입고 재킷으로 배를 가린다. 그럴 때 재킷이 너무 길면 또 다리가 짧아 보일 염려도 있지만. 긴 옷이라면 하이웨이스트로 디자인한 것을 좋아한다. 벨트로 허리선을 살려주면 헐렁한 티셔츠로 배를 감추는 것보다 훨씬 날씬해 보이겠지만 허리통에만 신경이 쓰여져 아직은 용기가 나지 않는다. 헐렁한 셔츠에 짧은 베스트나 블라우스 위에 재킷 대신 베스트를 입으면 좋겠지만 마땅한 베스트를 아직 찾지 못했고 그저 허리와 배를 감춘다고 타이트 스커트에 블라우스나 셔츠를 위로 내입고만 있다.

내가 가지고 있던 모든 물건을 정리할 나이가 된 것 같은데, 그 중에서도 옷들이 가장 골칫거리다. 딸들은 모두 날씬해서 물려받을 수 없으니 내가 떠난 다음 식구들이 버릴 게 많아 심신이 힘들까 봐 염려된다. 집 앞 전신주에 기대고 서 있는 노란 의류 수거함에 하나둘 넣곤 하는데, 어쩐지 서운한 마음이 지나간다. 오십대에는 패션쇼에도 다녔고 이것저것 옷을 많이 사들였고 대담한 원색이나 화려한 꽃무늬들이 주류를 이루었었다.

부드럽고 낭만적이면서 여성스러운 트르와 조나 항상 한 발 앞선 세련되고 멋진 이신우 옷을 좋아했었다. 외제옷이냐고 묻는 남색 레인코트는 1989년에 만든 트르와조 옷이고 검정과 밤색으로 반추상 무늬로 찍힌 누비로 된 겨울 반코트는 1987년 이신우 작품이다. 이렇게 십 년 이상을 입어도 괜찮게 보이는 것은 패션 디자이너들의 앞서가는 예술 감각 때문이다.

남편도 2년 전에 정년퇴임을 했고 나도 주위를 정리하며 지내야 되는 나이가 됐기 때문에 옷 같은 데 관심은 많이 줄어들었다.

자식들을 보러 미국에 가면 나는 신이 난다. 큰 사이즈만 파는 레인 브라이안트란 옷가게에는 사이즈 16부터 24까지가 널려있는데 내 사이즈는 16이니까 가장 날씬한 편이기 때문이다.

나는 작년부터 청계천 동평화시장 보세가게에 드나들고 있다. 리쯔크레본 · 탈바트 · 바나나리퍼브릭 등 미국서도 싸지 않은 괜찮은 옷들인데 내게 맞는 사이즈가 있고 색깔들이 내 취향에 거슬리는 게 없다. 민소매 탑은 사천 원, 반팔 오천 원, 바지 육천 원, 점퍼스커트 만 원이라 십만 원만 들고 나가면 무거워서 들고 오기 힘 드는 데도 택시는 절대로 안 탄다. 청계천에 들르면 단돈 천원도 크게 여겨지기 때문이다.

내가 입은 옷을 멋있다고 청계천에 같이 가자는 친구들이 많아 여러 번 앞장도 섰다. 일전에 한 친구가 트르와 조가 청계천 패션으로 떨어졌다고 놀려대서 경제사정으로 보나 내 체격으로 보나 청계천으로 가면 행복하다고 떠들어댔다. 아직은 두 다리가 멀쩡하니 누가 가고 싶어하면 계속 청계천 보세가게를 찾아 즐겁게 돌아다닐 것이다.

2000. ≪수필산책≫ 제8집

양말깁기

밖에는 함박눈이 계속 쏟아지고 있다.

바느질 바구니를 들고 베란다 창가에 앉아 본다. 남향으로 난 창가라 우리 집에서는 가장 밝은 곳이기 때문이다.

봄보다는 가을이, 여름보다는 겨울이 좋다는 말도 금년에는 입 밖에 내놓을 수가 없다. 32년 만에 내린 폭설이 23센티나 넘게 쌓였으니, 교통사고는 물론 가옥 피해와 농촌의 비닐하우스들이 내려앉아 농민들의 아픈 가슴을 경험이 없는 나 같은 사람이 감히 짐작이나 할 수 있을까.

뒤꿈치에 구멍이 난 까만 양말을 깁기로 한다. 삼 년 전 여름, 몽골에서 산 양털로 짠 폭신하고 부드러운 양말이다. 부드럽고 따뜻한 대신 몇 번 신지도 않았는데 뒤꿈치가 드러나게 구멍이 났다. 옛날 어머니들은 동그란 전구를 구멍난 양말 속에 넣고 바느질 실을 세로로 촘촘히 뜬 다음 다시 가로로 한 올씩 위아래로 번갈아가며 찝어서 마치 직물을 짜듯이 바늘 끝을 움직였었다.

상표만 노마 까마리(Norma Kamali)지 하도 세탁을 많이 해서 까만색이 회색으로 바래버린 면 원피스 하나가 있다. 지금은 미국에서 살고있는 넷째 딸이 20년 전에 입다 준 옷인데, 나는 덩치에 비해 워낙 팔이 짧은 체격이라 아마 10센티쯤은 팔 길이를 뭉툭 잘라 둔 헝겊이다. 이 헝겊을 둥글게 오린 다음 양말 안쪽에다 구멍보다 크게 대고 뺑 둘러가며 감침질을 한다.

옆에 있던 남편이 궁상떨지 말고 쓰레기통에 버리라고 한다. 양털로만 만든 양말은 어딜 가나 구할 수 없다면서 들리지도 않는 소리로 혼자 중얼거린다.

궁상떠는 건 나의 오래된 특기다. 지금 신고 있는 타월 천으로 된 빨간슬리퍼도 거짓말 보탤 것도 없이 덕지덕지 기운 물건이다. 그래도 트르와 조답게 발등에는 하얀 곰 인형도 깜찍하게 박혀 있고, 발바닥 속에는 스폰지가 들어있고 바닥이나 발등 모두 타월 천으로 되어 있어서 감촉이 부드럽고 발이 따스하다. 욕실용 슬리퍼로 만들어졌지만 우리집같이 좁은 공간에는 욕실용이고 거실용이고 구별할 필요가 없다. 색깔이나 무늬가 예쁜 슬리퍼가 여러 켤레 있어도 그것들의 발바닥은 으레 딱딱하여 신고 싶지가 않다. 아름다운 색깔이나 꽃 모양

같은 건 그만두고라도 왜 이런 편안한 슬리퍼를 만들지 않는지 모르겠다.

아무리 슬리퍼가 떨어져도 마음에 드니 버릴 수가 없다. 발목 부분의 고무줄이 늘어난 빨간 양말을 잘라 슬리퍼 바닥에 놓고 뼁 둘러 감쳤고, 발바닥 뒤쪽은 어깨에다 얹는 패드 스폰지를 빼고 헝겊만 오려서 꿰맸다. 나처럼 다리가 짧고 허리가 굵은 뚱뚱보 체격은 역삼각형으로 옷을 입어야 된다는 건 알고 있는데, 어깨에 패드가 들어있는 옷은 입을 수가 없다.

어깨가 너무 좁아 패드가 앞으로나 뒤로 밀리는 바람에 거북해서 모두 빼어버리고 만다. 버리기가 아까워 바느질 바구니에 넣어 둔 빨간 어깨 패드도 쓸모가 있을 줄이야. 발등에는 빨간 체크무늬 바탕에 잘생긴 하얀 말이 박힌 쑥색 슬리퍼는 남편 것인데 쑥색 헝겊이 없어서 색이 바랜 발등 부분의 쑥색 양말을 잘라 기웠는데, 기운 곳이 또 떨어져서 여기저기 깁다 보니 마치 누더기 조각처럼 보인다. 옥천에 사는 친구가 오더니 무섭게 절약한다면서 자기 며느리에게 나의 슬리퍼 얘기를 말해준다고 한다. 절약이 아니라 너무 부드럽고 발이 편해서 도저히 버릴 수가 없기 때문이니 며느리에게 잔소리해서 인심 잃지 말라고 일렀다.

남편은 바닥에 떨어진 작은 먼지를 누더기 슬리퍼로 바닥을 걸레처럼 훔치면서 끌고 다닐 때도 있다. 아들이 다섯 살쯤이었을 때니까. 지금으로부터 30년 전 옛날 이야기다. 무릎에 구멍이 난 바지 위에 흰 양말을 오려서 토끼 모양으로 기워줬고 밤색 헝겊으로는 사자모양을 만들어서 꿰매 주기도 했었다. 녀석은 무릎을 내려다보며 진솔 바지보다도 더 좋아했다. 여러 해 전에 팔꿈치에다 가죽을 댄 재킷을 입고 다니는 젊은이들도 눈에 띄었는데, 요즘은 보기 힘드니 유행이 지나간 것일까.

1974년 여름에 시아버님이 세상을 뜨셨다. 돌아가신 다음 시어머님과 옷 정리를 하는데, 어느 겨울이던가 내가 시아버님께 사드린 엷은 밤색 속내의를 내가 갖기로 했다. 그 시절 우리나라 속내의들도 하도 두꺼워서 바지 속에 입기도 불편하고, 입었다 해도 부드럽지도 따뜻하지도 않았다. 남편이 세관에 다닌다는 이웃에 사는 부인으로부터 산 속내의인데 일제라고 했다. 한옥에서 연탄을 때며 살고 있을 때니, 방바닥이나 덥지 사방으로 들어오는 외풍이 대단했다. 시아버님이 입으시던 속내의를 월남치마 안에 입고 지냈다. 얼마나 부드럽고 따뜻한지 도저히 벗을 수가 없었다. 겨우내 입고 지내는데 또한 좌식생활이라 오른쪽 무릎이 해지고 말았다. 색깔은 차이가 났지만 떨어진 남편의 밤색 양말을 오려서 둥글게 꿰맸다. 하루는 빨래를 했는데 속바지가 눈에 띄지 않았다. 시어머님께서 궁상떨지 말라면서 쓰레기통에 버렸다고 하신다. 양철쓰레기통 뚜껑을 여니 그 안에 있었다. 다시 꺼내 빨아서 몰래 다시 입었다. 너무나 부드럽고 따뜻했다. 얼마동안 입었는데 이번에는 왼쪽 무릎이 나갔다. 또 한 번 둥글게 밤색 천을 대고 기웠다. 빨래통에 넣어 놓았는데 눈에 띄지 않았다. 이번에는 시어머님이 모른다고 완강하게 시치미를 떼셨다. 궁상떨지 말라던 시어머님도 돌아가시고 옆에 있는 남편만이 궁상떨지 말라고 나무란다.

이렇게 눈이 펑펑 쏟아지는 날 양털 양말을 꿰매고 있으면서 양쪽 무릎을 기운 부드럽고 따뜻했던 내의가 떠오르는 건 웬일일까.

2001. ≪에세이문학≫ 여름호

하얀 사다새들은 발레리나처럼

그곳에는 새들의 깃털이 마치 눈보라처럼 쏟아진다는 말을 기억하고 있다. 서울을 떠나기 전부터 유타에 있는 딸에게 이번에는 꼭 새 구경을 가야 된다고 했다. 하지만 그 애가 갔을 때는 봄이었고, 지금은 여름이라 새들을 별로 볼 수 없을 거라고 말했지만 꼭 가고 싶다고 졸라댔다.

지난 6월 10일, 아홉 살 난 손주를 뒷좌석에 앉히고 나는 운전하는 딸 옆에 탔다.

베어 리버 철새 보호지(Bear River Migratory Bird Refuge)는 유타주 브리감(Brigham) 시 서쪽 15일 마일 지점에 있다. 브리감 시에 들어서고 얼마 가지 않아 왼쪽으로 방향을 바꾸니 비포장도로다. 마치 옛날 우리나라 시골길처럼 차가 제멋대로 뛰며 힘들어한다. 딸이 힐끗 쳐다보며 내게 괜찮으냐고 한다.

늑골을 다친 지 한 달 반이나 됐는데도 아직까지 가슴을 벨트로 싸매고 있기 때문이다. 괜찮다고 말했지만 차가 덜컹거릴 때마다 손등으로 옆구리를 누르게 된다. 딸은 되도록 차를 천천히 몰며 지나가는 차까지 먼저 가게 한다. 흙먼지를 날리며 앞질러 가는 밴 (VAN) 안엔 내 나이쯤으로 보이는 미국의 노부부가 탄 게 보인다. 그들도 새 구경을 가는 게 틀림없다. 내가 왜 도로포장을 안 했는지 모르겠다니까. 새들에게 해로울까 봐 자연 그대로 두는 거라고 딸이 말한다. 옆구리가 불편한 것쯤은 새들을 위하여 참을 수 있는 거라고 여겨졌다.

차는 험한 모랫길을 덜컹대며 지나가는데, 아무리 사방을 둘러보아도 새는 한 마리도 눈에 들어오지 않는다. 새가 어디 있느냐고 손주가 궁금해하는데, 딸은 기다려보라고 하며 카메라로 사진 찍을 준비나 하라고 한다. 길 오른편에는 낯익은 하얀 개망초꽃들이 제멋대로 자라고 있고, 그 뒤로는 키가 크고 줄기가 튼튼하게 생긴 억새풀을 닮은 나무들이 빽빽이 무리를 지어 서 있다. 아니 무리라기보다는 왕억새밭이라는 게 더 어울릴 것 같다.

화씨 92도의 더운 날씨. 바람 한 점 없는 넓은 땅에 왕래하는 사람도 드물다. 찾는 새는 한 마리도 안 보이는데 갑자기 어디서부터 날아왔는지 파리 떼들이 맹렬히 차창에 달라붙는다. 우리나라 파리는 몸집이 작고 아담한 편인데 반해 이것들은 파란 눈을 가졌으며, 다리도 엉성하게 길면서 못생겼다. 잘 먹고 잘 지냈을 텐데 왠지 꺼칠한 모습이다. 블라인드 쉬림프 플라이(blind shirmp fly)라고 부른다는데, 어찌나 많은 파리 떼가 우리 차를 에워싸는지 창문에 틈이라도 생길까 봐 걱정이 되며 온몸이 근질거리는 것 같다. 반 시간도 더 지난 것 같은데 새는 안 보이고 파리 떼들만 차에 붙어서 떠날 줄을 모른다. 마치 파리 떼들이 우리를 꼼짝 못하게 가두어 버린 것 같은 착각도 든다. 해가 진 다음에는 차를 세워 두지 말라는 표지판이 보인다. 월요일부터 금요일까지 오전 8시부터 오후 4시 30분만 출입이 허락되는 시간이다. 이곳에는 새들이 놀랄까 봐 전기도 끌어들이지 않고 있다. 사막 가운데 오아시스인 베어리버는 이래서 새들의 천국인 것이다.

새가 있다고 손주가 갑자기 소리를 지르며 카메라를 창에 바싹 갖다 댄다. 억새 가지에 살짝 앉은 새 한 마리. 얼굴은 선명한 오렌지 빛이고 몸은 윤이 자르르 흐르는 새까만 새다. 넓은 천지에서 풍부한 영양을 듬뿍 취한 까닭이겠지. 새 이름이 궁금한데 딸이 알고 있을 리가 없다. 우리나라에서 유명한 새 박사는 알고 있을 거라니까 언제든지 그 분이 유타에 오면 안내할 수 있다고 한다. 차는 계속 앞으로만 달리는데 아까 앞질러 갔던 노부부 차가 되돌아오며 우리를 보고 손을 흔든다. 새 구경은 단념하고 가는 것 같다. 넓이가 74,000에이커나 되는 엄청나게 넓은 들이라는데, 이런 곳까지 와서 새는 못 보고 날은 저물어버리는 게 아닌가고 불안하다.

멀리 관리사무소라는 건물이 보이는데 못보다 큰 늪지대가 나타났다. 흰색 · 회색 그리고 까만색을 지닌 몇 마리의 새들이 늪가에서 놀고 있는데, 유독 물 한가운데 올라온 나무 위에 서 있는 새까만 새는 몹시 당당해 보인다. 가슴을 펴고 꼼짝도 안 한 채 의젓한 모습이다. 새 이름을 알고 싶어하는 할미에게 '쇼오프 버드(show off bird)지 뭐'. 한다. 내 눈에도 뽐내며 잘난 체하는 모습으로 비치긴 했지만 손주 표현이 재미있어 뒷좌석을 돌아보며 우리 동준이 똑똑하다고 말했더니 녀석이 할미 빰에 쪽 뽀뽀를 한다.

딸이 관리소 앞에 차를 세우고 잽싸게 문을 닫고 양손으로 파리 떼를 쫓으며 뛰어 나갔다. 관리소 옆에는 낚시가 허락되는 표지판이 보인다. 낚시를 즐기는 사람 하나는 하늘색 티를 입은 동양계 청년이고 다른 사람은 빨간 티를 입은 미국 할아버지로 보인다. 손주와 나는 그들의 낚시질하는 모습이 궁금했지만 극성스런 파리 떼들 때문에 꼼짝도 못하고 차 안에 갇혀 있었다. 미국 할아버지가 손짓을 하며 딸에게 가는 길을 알려 주는 것 같았다. 다시 우리 차는 흙먼지를 일으키며 천천히 움직였다.

"고모 저 사람들이 왜 물고기를 잡아? 새들은 뭘 먹으라고."

"저 사람들이 낚시질을 해도 여기 새들은 먹을 게 많아. 만약 새들 먹이가 부족하며 낚시질 못하게 할 거야."

손주는 고개를 끄덕였다. 나는 궁금한 게 두루 많았다. 이곳에서 일하는 사람들은 전기도 안 들어오는데 삭막한 벌판에서 어떻게 일을 할 수 있느냐니까, 아무리 불편해도 새들을 사랑하는 사람들이 하도 많아 자원봉사자들은 2년이나 기다려야 이곳에서 일할 수 있기 때문에 딸도 신청을 포기했다고 한다.

멀리 강가에 셀 수 없이 많은 회색 따오기(ibis) 떼가 모여있다. 손주는 신난다고 소리까지 지르는데, 나는 아까 돌아간 노부부가 이렇게 많은 새를 못보고 간 게 아쉽게 느껴졌다. 딸은 새 구경은 이제부터라고 했다. 차창을 통해 따오기 떼들을 내다보며 지나가는데 갑자기 딸이 차를 세웠다. 길가에 해골같은 게 두 개나 보였다. 새의 해골이었다. 살은 하나도 없이 뼈만 뚜렷이 남은 게 마치 연구용으로 박물관에 진열된 새의 뼈 같았다. 자기보다 더 힘 센 놈에게 잡힌 다음 살은 몽땅 바치고 달랑 뼈만 남은 흔적이 쓸쓸하다. 이곳은 뭐이든지 자연 그대로 두는 곳이니 아무도 이런 뼈를 치울 까닭이 없는 것이다.

군데군데 못도 보이고 늪도 보인다.

갈매기들이 많이 보인다. 물 속에서 주둥이를 꺼내면 먹음직한 물고기를 반드시 물고 있다. 어떤 놈은 머리가 검고 어떤 놈은 다리가 검다. 흰색 · 상아색 · 회색 등 갈매기 깃털은 영양이 좋아서 그런지 눈부시게 깨끗하다. 이래서 갈매기는 유타주의 새가 된 자격이 있는 것 같다.

우리는 베어 리버 새 보호지역을 쉬지 않고 돌았지만 세 시간이나 걸렸다.

저 멀리 강가에 흰 사다새(pelican) 떼들이 헤엄을 치며 노니는 게 보인다. 고것들은 사이좋게 무리를 지어 다닌다. 한 마리가 앞장서서 오른쪽으로 가면 대여섯 마리가 같은 방향으로 쫓아가고, 왼쪽으로 틀면 또 왼쪽으로 쫓아간다. 사다새들에게도 리더는 꼭 있는 것 같다.

빙글빙글 이리저리 돌아다니다 어느새 둥글게 원을 그리고 마주보기가 무섭게 갑자기 몸을 물 속으로 꽂는다. 수면 위에 올라와 물고기를 삼킨 다음 또 한 마리가 앞장서면 이리저리 함께 헤엄치다가 둥글게 원을 그리고 또 거꾸로 물 속으로 들어간다.

사다새들은 마치 군무를 추고 있는 것 같다.

하얀 사대새들은 발레리나처럼 아름답다.

2001. ≪월간문학≫ 11월호

솔트레이크 2002에서

- 맏딸에게 띄우는 편지

개막식 날

오늘은 2월 8일 저녁 6기, 이곳 라이스 에클스(Rice Eccles) 올림픽 스타디움에서 개막식이 열리고 있는 중이다.

지금 텔레비전에서 선수단의 입장이 진행되고 있구나. 알파벳순으로 들어오니 우리 선수단을 기다리느라 조바심이 난다. 그젯밤 전야제에서는 선수단은 안 보이고 국기들만 입장하더구나. 정작 개막식날 텔레비전으로 보고 있는 건 입장권이 855불이나 하는데도 표가 매진됐다는구나. 만약 표가 있다 해도 우리 형편엔 지나친 과소비라고 여겨진다.

전야제에서도 오늘처럼 44,500좌석이 꽉 메워졌다. 그날도 물론 오늘과 순서는 똑같았는데 가짜 부시 대통령이 나오고,

가짜 요요마가 나와서 젊은 사람들이 깔깔대며 박수 치느라 야단들이라, 엄마도 덩달아 박수를 쳤지만 장갑 속에 손난로(mini hand warmer)까지 들어있는 손이라 소리는 안 나는 시늉뿐이었지.

하기사 이번 행사에서 흘러나오는 모든 음악들의 연주가 어떻게 이루어졌는지 너는 모르고 있을 게다. 이미 오케스트라가 녹음을 한 것을 틀어 놓고 그냥 장갑 낀 손으로 연주하는 시늉만 한다는구나. 영하 5도 이하로 내려간 겨울 날씨라 손이 얼어 연주도 못하니까. 실내가 아니고 눈발이 내리는 야외니 제대로 들리겠니. 악기도 시늉만인 형편없는 악기를 빌려줬다는구나.

오늘은 첼로를 들고 나온 진짜 요요마와 스팅은 기타를 들고 나와서 연주하는데 마음에 드는구나. 'Fragile' 이란 노래를 부르는데 주거니 받거니 마치 소나타를 연주하듯 아름다운 조화를 이루더구나. 몹시 추운데도 요요마는 장갑은 못 꼈지만 새까만 잠바를 걸치고 나온 게 돋보이더구나. 오케스트라 첼로 파트에 앉아 있는 네 동생도 카메라가 등 뒤만 비춰져서 흰 목도리를 한 쪽으로 두른 까만 단발머리의 뒷모습만 보이는데, 왼쪽에서 두 번째 첫 줄, 그러니까 통로 바로 곁에 태극기를 꽂은 게 보여서 깜짝 놀라게 되는구나. 셋째 딸은 선도 안 본다는데 왜 아직 짝을 못 찾았는지 모르겠다. 유타 오케스트라에는 외국사람들 특히 동양계 단원도 몇 명 있는 걸로 아는데 유독 태극기 하나만이 눈에 들어오니 내가 감격하지 않을 수가 있겠니. 지난 해부터 태극기 보내 달라고 부지런 떨던 네 동생의 마음이 짐작되는구나.

우리 선수단은 마치 백곰들이 색동 스카프를 두르고 나온 듯 약간 귀여운 맛도 있었지만, 어딘지 모르게 디자인이 촌스럽다는 느낌을 받게 되는구나. 그렇지만 좀 촌스러우면 어떻겠니. 태극기도 촌스러운 건 마찬가지인데도 엄마는 바라보기만 해도 가슴이 미어지고 목이 막혀 오는데 말이다.

지금 한국 시간으로 금요일 오후 세 시 쯤일 것이니 너는 어느 환자의 내시경 검사라도 있는 바쁜 시간이겠구나. 너도 여기 왔었다면 참 좋았을 텐데. 언젠가 네가 엄마에게 말했지. 우리집이 부자라면 의사공부 절대 안 했을 거라고. 그제는 거의 다섯 시간이나 밖에서 앉아 있으려니 발바닥부터 무릎까지 굳어버린 것같이 감각이 없어지더구나. 뒷줄에 앉아 있던 너의 아빠가 그만 가겠냐고 묻는데도 콧물까지 훌쩍이며 끝까지 참고 앉아 있었단다.

가지고 들어가지 못하는 물건이 하도 많아 가볍게 나왔더니 남들은 커다란 담요까지 가지고 와서 몸에 두르고 얼굴까지 감추니 한결 덜 추웠겠지. 우리처럼 법을 너무 잘 지켜도 고생을 하게 되더구나.

화려한 의상으로 단장한 인디언 부족들의 춤도 보고 바람을 넣어 만든 방울뱀, 코요테, 토끼 그리고 곰들의 희한한 춤도 흥미로웠다. 몰몬교도인 백인들이 이곳이야말로 그들이 살 만한 곳이라고 마차를 타고 유타로 들어오는 모습도 보았다. 미국의 역사라는 것은 백인들이 인디언들을 지배하는 데서 시작한 게 아니겠니.

오늘 가장 기억에 남는 한 가지가 또 있다. 부시 대통령이 나와서 인사말을 한 다음에 성조기가 들어오는데 9 · 11때 무너진 흙더미 속에서 찾아낸 만신창이가 된 미국 국기라는구나. 순간 엄마는 숨쉬기가 불편해지더구나. 미국 사람들이 이곳저곳에서 눈물을 흘리는 모습이 화면에 비치고, 가뜩이나 양미간이 좁은 부시 대통령의 일그러진 얼굴과 깊은 눈망울이 어둡게 화면에 나타나는구나 9 · 11 참사 때 뉴욕 세계무역회관에 걸렸던 성조기의 모습인데 이걸 동계 올림픽 개회식에 들고 들어오다니 이 기발한 생각은 미국인들을 하나로 뭉치게 하고도 남을 사건임에 틀림이 없는 것 같다.

쇼트트랙

지금은 2월 13일 오후 6시니까 한국은 14일 아침 10시경이겠구나. 여자 1천 5백 미터, 남자 1천 미터와 5천 미터 릴레이 예선이 있는 날이니 우리의 아들, 딸들을 만나는 날이다. 손에 든 태극기는 네 동생이 둘, 엄마도 둘에다 몸 전체를 감쌀 만큼 큰 대형 태극기를 들고 쇼트트랙 경기가 열리는 다운타운에 있는 솔트레이크 아이스센터로 향한다. 전야제에도 그랬지만 검색이 너무 심해 줄로 선 사람이 끝이 안 보인다.

엄마는 모자를 벗어 뒤집어 보이게 하고 핸드백을 열더니 지퍼가 달린 볼펜 주머니를 열어보라 하고는 말았는데, 아빠는 기계를 바짝 몸에다 댄 다음 혁대까지 조사하는 걸 보니 남자들을 더 철저하게 검색하는 것 같다.

어느 젊은이가 캐나다 국기를 몸에 두른 걸 보는 순간 나도 대형 태극기를 펴서 몸에 두르고 목 아래에다 양쪽 끝을 매었다. 마치 이상한 패션쇼라도 하는 것처럼.

여자 1천 5백미터 계주, 하늘색과 노란색으로 디자인한 유니폼을 입은 우리나라 여자선수가 나오는구나. 왜 이리도 어리고 약하게 보이는지 안쓰러워서 견디기 힘들구나. 열여섯 살이라고 소개하는 소리가 들린다. 지난 98년 일본 나가노에서 금메달을 딴 김동성 선수는 알고 있지만 이 소녀들의 이름을 소개하는데 생소하니 부끄럽구나 자세히 살펴보니 우리 선수들의 출발은 늦은 편인데 잽싸게 앞질러 가는 기술이 뛰어난 것 같구나. 자리에서 일어나 엄청 소리를 질렀다. 우리의 딸 고기현과 조은경이 금과 은을 차지한 다음, 애국가의 흐름을 타고 태극기가 높이 올라갈 때 엄마는 그만 어린애처럼 눈물이 주르룩 흐르는구나. 태극기를 몸에 두르고 있으면서도 손에 든 태극기를 찢어져도 좋다고 흔들어대니 할머니 봉사자가 뒤에서 안 보이니 앉으라는 주의까지 주는구나.

앞에 걸린 대형 전광판을 올려다보니 메달을 목에 건 우리 딸들이 당황했는지 표정이 굳어있구나. 굳은 표정들이 더 귀엽고 신통해서 어떻게 할지 모르겠지만 활짝 웃는 표정이었으며 더 좋았을텐데 말이다. 웃는 얼굴도 연습을 시켜야 되는 것 같다.

경기가 끝난 다음 네 동생을 만나서 들은 얘기인데 그 애는 하도 눈물을 흘려서 옆에 앉았던 미국 사람이 휴지를 다 건네주었다는구나. 표를 못 구해서 네 동생은 20불이나 덜 낸 다른 좌석에 앉았었고 아빠는 엄마 뒷줄에 앉을 수밖에 없었다.

남자 5천 미터 릴레이가 계속 되었는데 그만 민영 선수가 넘어져서 우리 선수들은 예선에서 탈락되는구나. 운동경기에 문외한인 엄마지만 규칙이란 귀에 걸면 귀고리, 코에 걸면 코걸이가 되는 거겠지.

집에 오니 두통에 구역질까지 생겨 통 잠이 안 온다. 분통이 터지기 때문이다. 네 동생이 주는 약을 두 가지나 먹고 자리에 누워본다. 이튿날 아침 e-mail에 1만 7천 건이나 되는 항의가 올라와 기계가 마비상태라는데 뉴스에서는 오노를 협박한 사람을 FBI가 조사한다고 으름장을 놓는다. 엄마는 미국 X들이 9 · 11을 당하고도 아직 정신 못 차린다고 욕을 해대고, 아빠는 텃새라고 하고, 늘 미국편이던 네 동생은 도저히 이번만은 용서할 수 없다고 난리다. 텔레비전에서는 역대 올림픽 경기에서 문제가 된 경기를 잠깐씩 소개하는데 1988년 서울 올림픽 때 권투경기 사건도 비치더구나. 참 그땐 우리나라사람들 끼리도 우리선수가 졌기 때문에 금은 줄 수 없다고 했지. 내가 그 일은 부끄럽다고 하니 아빠가 화를 내며 그래도 진 사람에게 은메달을 준 거 아니냐면서 김동성은 일등임에도 실격시키고 두 번째로 들어온 오노에게 금을 주는 게 어디 있냐고 하더니 그렇다고 심사위원들이 오노와 바꿔서 김동성에게 은메달을 줄 수도 없었을 거라고 이랬다 저랬다 하면서 성질을 내는 게 아니겠니.

오늘 주심은 호주 사람.

앞서 선수들이 넷이나 넘어지는 바람에 꼴찌로 들어온 호주 선수에게 금이 돌아간 일이 있었으니 미국에게 신세를 갚는 거라면서 미리 계획대로 착착 이루어졌다며 아빠가 계속해서 열을 올리는구나. 캐나다의 남녀 피겨스케이팅 선수는 은메달이 억울하다고 울고불고 난리에다 어느 심사위원에게 부탁을 했느니 어쨌느니 하면서 시끄럽게 굴더니, 금메달을 하나 더 만들어 금메달을 두 팀이 받았으니 완전 웃기는 일로 역사에 남을 것이다. 엄마는 약소 국민이라고 우리를 무시한 거라고 불평하다가 우리 식구들이 응원을 안 가서 김동성이 그리됐다고 또 푸념을 했다.

코리아 하우스

이곳 동계 올림픽 경기 기간 중에 자기 나라들을 홍보하느라고 마련한 곳이란다. 다운타운에 자리 잡고 있는데 바로 옆에는 일본이 있더구나. 문 앞에 손바닥만한 사진이 붙어있는데 금－고기현, 은－조은경 사진이더구나. 좀 크게 확대해서 얼른 눈에 띄게 할 것이지, 그냥 지나쳐버리는 외국사람들이 그 사진을 가까이 가서 들여다보더니 다시 발길을 돌려 우리 코리아 하우스로 들어가는 것을 보았기 때문이다.

2010년 동계 올림픽을 평창으로 유치하겠다고 강원도의 산을 주로 찍어서 전시를 해 놓았는데 우리 산하가 아름답기도 하거니와 원래 실제보다 사진이 더 아름답게 보이는 게 아니겠니. 문에 들어서면서 오른편에 테이블이 놓여 있는데 종이컵 옆에 음료수는 코카콜라 사촌격인 닥터 페퍼와 캘리포니아 오렌지주스 그리고 오레오쿠키와 엠 앤 엠 초콜릿을 늘어놓았어. 엄마는 입맛이 싹 가셔 버렸다. 기왕에 코리아 하우스를 마련했으면, 또한 동계 올림픽을 유치한다면서 식혜나 수정과 아니면 전통차 앞에 우리 도자기 잔이라도 놓고 백자접시에 한과라도 예쁘게 놓으면 얼마나 좋았을까. 아니 마땅히 그리했어야 옳지 않았겠니. 이곳 솔트레이크시티에는 우리나라 대학교수도 있고 잘 사는 사람들도 꽤 있다는데 왜 이렇게밖에 못하냐면서 네 동생이 자기도 도울 수 있었을텐데 이게 뭐냐고 불평이다. 그 애가 한국지도와 요리책을 몇 권 들고 나왔다.

옆 집 Japan House를 들여다보니 테이블과 의자가 몇 개 놓여 있고 앉아서들 차를 마시는 것 같다. 출입증이 없으면 못 들어간다면서 일본 사람이면 들어올 수 있다고 하니 딸이 엄마가 일본말 하니 그리 가자고 한다. 치사스럽게 일본사람 행세까지 하며 거기 앉고 싶지는 않다고 잘라 말하며 밖으로 나와 뒤돌아보니 유리창 안에 화려한 기모노와 인형들이 전시되어 있다. 우리도 민속품 같은 거라도 진열하면 좋았을 걸, 엄마라도 이럴 줄 미리 알았으면 몇 개 가지고 올 수도 있었을 거다. 정보화 시대라는데 대대적으로 올림픽 전에 한국에도 미국에서도 홍보를 했어야 할 게 아니겠니.

German House에는 가보지 못했지만 그들은 극성맞게도 고기를 직접 자기 나라에서 가지고 와서 매일 먹고 춤추며 파티를 열어서 그쪽으로 많이들 가서 즐겼다고 한다. 이번 동계올림픽에서 많은 나라를 물리치고 일등을 하게 되는 게 다 이유가 있는 거로 안다. 물론 오레오쿠키보다 한과는 몇 배 비싼 것이지만 큰 일을 위해서는 작은 일에도 꼼꼼한 정성이 있어야 되겠고, 우리의 자존심은 반드시 우리가 키워 나가야 나라의 힘이 차차로 강해질 것 아니겠니.

맏딸인 너도 함께였으면 더욱 뜻있고 재미있었을 텐데 말이다. 너희 내외가 아빠 엄마 여비 마련해줘서 고맙다.

2002. ≪현대수필≫ 여름호

버리고 또 버리고

2002년.

나는 고희古稀가 됐다.

결혼한 지도 사십육 년이며 막내로 태어난 외아들 녀석이 지난해 미국에서 학위까지 받았다.

이제는 무엇이든 정리할 때가 된 것이다.

새해 정월 초이튿날, 고려대학교 의대 해부학교실에 전화를 하고 죽은 다음 시신을 기증하고 싶다고 말했다. 양쪽 눈은 이미 백내장 수술을 했고 혈압에다 당뇨까지 높으니 뭐 쓸만한 부분이 있을라구…. 그냥 학생들의 해부학 실습용으로라도 써 준다면 고마울 것 같다.

많은 사람들이 이미 시신을 기증하기로 했으니 뭐 대단한 일도 아닌데 주위 사람들은 좀 놀라는 표정들이다. 자기네들은 시신을 기증하고 싶다고 했더니 남편이나 가족들이 반대한다면서 머뭇거리는 눈치다.

고대는 남편이 삼십이 년 동안 학생들을 가르치다가 지난 98년에 정년퇴임을 했고, 맏딸은 그 학교를 나와 의사가 됐으며 아들은 그 학교에서 석사까지 한 뒤에 미국으로 건너가서 공부를 끝냈다. 흔한 게 박사라고들 하지만 셋이 다 박사학위를 가지고 있으니 어찌됐건 우리 식구들은 고대로부터 이리저리 많은 신세를 졌기에 깊은 인연이 있는 학교이다.

나는 아무리 생각해 보아도 극단의 이기주의자임에 틀림이 없다. 내 남편, 내 자식만을 챙기기에 허둥댄 까닭에 칠십이 되기까지 남을 위해 봉사 같은 건 생각해 본 적이 없다. 용인에 선산도 있지만 나는 죽은 뒤 화장을 원한다. 화장하면 재가 되는데 기왕이면 학생들이 실습용으로 공부한 다음에 재가 되는 편이 나을 것 같다. 생전에 많은 사람들에게 도움만 받고 지내다가 사후에 그까짓 시신 하나로 은혜를 갚겠다는 말은 부끄러워 견딜 수 없는 노릇이다. 실습 뒤에는 뼈나 재로 유족이 원하는 대로 해준다고 한다. 가진 게 없으니 장학금이나 보육원이나 양로원 같은 곳에 기부하고 싶어도 할 수가 없고, 죽은 뒤 자식들끼리 서로 원수 질 일도 없을 것이니 편안하다.

외국에서는 의대생들이 한 사람 앞에 시체 하나씩 놓고 공부한다는데 우리나라는 열두 명에 하나 꼴이라니 시체가 모자라도 너무 모자란다고 한다. 언젠가 실습할 시체가 모자라 중

국까지 간다는 신문기사를 읽은 적도 있다.

다행히 시신 기증승락서에 남편과 맏딸이 머뭇거림없이 금방 사인을 해줘서 고마웠다. 맏딸은 사인을 한 뒤에 자기도 해야 된다면서 엄마는 역시 멋쟁이라고까지 말했다.

버릴 건 죽은 뒤 육신뿐 아니라 내 주위에 많은 허섭스레기 물건들이다. 첫째는 책이고 둘째는 옷들이다. 그 중에서도 읽지도 않았고, 앞으로 읽을 것도 아닌 책들이 가장 골칫거리다. 책은 거의 매일 한 권, 두 권 어떤 날은 세 권, 네 권도 배달된다. 책이 도착하면 먼저 읽어야 하는 부담이 앞선다. 두꺼운 책은 더더욱 힘들다. 제목도 보고 저자의 사진도 들여다보고 두세 편 읽다가 그만 덮어두고 쌓아둔 책들이 도대체 몇백 권이나 될까.

우선 내 이름을 적고 저자의 사인까지 들어있는 책들은 남겨두고 증정이라는 도장만 찍었든지 아무런 표시가 없는 책들은 정리하기로 했다. 물론 저자를 내가 만난 적도 없는 누군지 잘 모르는 생소한 사람들이다. 현관 앞에는 한 권의 책이 누워 있고, 그 위에 따라서 누우며 쌓이는 모습들이 어쩐지 슬프게 보인다.

물론 선택된 책들도 있다. 내가 참고하고 싶은 책이나 다시 읽고 싶은 책들은 마치 자존심을 뽐내듯이 반듯하게 책꽂이 안에 서서들 있다. 그래서 글은 잘 쓰고 볼 일이 아닌가. 좋은 글을 쓰는 사람들은 절필絶筆도 잘 하던데, 시시한 글을 쓰는

나 같은 사람은 좋은 글이 나올까 하고 자꾸만 되지도 않은 이야기를 늘어놓는 건지 모르겠다. 아무리 여러 권의 책을 낸 사람일지라도 첫 번째 수필집의 글들이 제일 좋던데 말이다.

책 버리기를 사흘이나 끌었는데도 좀처럼 줄어들 것 같지 않다. 이번에는 궁리 끝에 내 이름이 적혀 있는 책도 버리기로 했다. 우선 사인한 책장을 찢어서 따로 버리고 책은 책대로 정리하기 시작했다. 주제에 수필학을 연구할 것도 아니고, 그렇다고 평론 같은 건 더더욱 쓰고 싶지 않으니까, 저자에게는 미안한 생각이 들지만 이런 용기 없이는 영원히 책 정리는 불가능할 것 같다.

4년 전 나의 첫 수필집 ≪오늘 아침엔 엘가를 듣고 싶다≫를 냈을 때 일이 생각난다. 반 세기 전부터 사귄 이십 명이 넘는 고등학교 동창생들에게 한 권씩 나누어 줬지만 책을 읽기는커녕 고맙다는 말 한마디 없이 지나가버렸으니 그때 이미 그 친구들은 집에 가서 버렸을 것이고 아니 그보다 먼저 집에 가는 길에 귀찮아서 길가 쓰레기 통에 버렸을지도 모른다는 생각까지 들었다. 작품도 별로 없었지만 책이 두꺼우면 부담스러워 안 읽을까 봐 스물다섯 편만 묶어서 낸 책이었는데도 지금 생각하니 내 수필집을 읽은 걸로 보이는 친구는 많아야 다섯 명 안쪽일 거라고 여겨진다. 읽히지도 않는 나의 수필집이 천년 만년 보전될 것도 아니고 언젠가는 자취도 감추고 말 것이니 별 미련도 없다.

오 남매를 키운 다음 그러니까 정확히는 막내아들이 대학에 들어간 다음, 갑자기 온 육신이 우루루 무너지는 것 같아 내가 살아온 삶을 기록해보고 싶었을 뿐이니까 어느 누가 남의 삶에 대해 궁금해할 것인가. 우리 집 식구들끼리 읽으며 지난날 얘기들을 꺼내면서 웃다가 울다가 즐거워하면 그만이다. 정리한 책들은 내 곁을 떠나 책 대여점으로 시집을 보냈다. 그렇지만 좋은 글이 아니라고 무조건 시집을 보낸 건 아니다. 참고할 것도 별로 없으며 그렇다고 잘 쓰지도 않은 책들도 남겨 놓았다. 인사야 있건 없건 내가 아직까지 좋아하고 있는 사람이나 서로 잘 알고 지내고 있는 사람들의 책들은 저희들끼리 서로 몸을 바짝 기대며 사이좋게 의지하고 있다. 마치 내가 가끔 그들을 떠올리듯이.

일 년 중에 한 번도 입지 않은 옷이나 한 번도 사용하지 않은 물건들은 없애야 된다고들 하고, 물건을 새로 사면 가지고 있던 물건 하나는 버려야 정리가 된다고도 한다. 나의 옷들은 거의 십 년에서 이십 년이 넘는 옷들이지만 모두 유명 디자이너들의 옷이다. 미스 박, 이신우, 트르와 조의 옷이 많고, 앙드레 김의 드레스도 두어 점 끼어 있다. 뚱뚱해졌기 때문에 못 입게 된 옷들도 있지만 별로 입게 안 되는 이유 중의 하나는 나이 들수록 가볍고 편안하며 헐렁한 옷들을 좋아하게 되는 까닭이다.

커다란 비닐백을 꺼내놓고 버리기 시작했다. 자켓, 잠바, 드레스, 스커트, 블라우스, 바지, 심지어 잠옷까지도 마구 봉투 속에 던졌다. 입는 옷보다 안 입는 옷이 몇 배 더 많다. 덩치가 큰 내 옷을 입을 사람은 우리 집안에는 아무도 없으니 별 도리가 없다. 책들의 무게도 엄청나지만 옷들의 무게도 만만치가 않다. 지나가는 길에 들른 고등학교 후배가 양손에 들기 힘들 정도로 옷들을 가지고 갔건만, 아직도 내 힘으로는 들 수 없는 검은 비닐 봉투가 지하주차장 창고 안에 있다.

버릴 물건들은 옷 뿐이 아니라 모자와 핸드백도 꽤나 많다. 썩어도 준치라고 십 년 이상 사용해 온 로라 애쉴리, 리즈 크레본, 버버리, 막스 앤 스펜서, 이신우 등의 모자와 여러 종류의 핸드백 등도 큰 골칫거리다. 다행히 앞집 목욕탕에서 일하는 젊은 목욕관리사가 원하기에 줬더니 구두도 있으면 달라고 한다. 월급쟁이 남편을 둔 주제에 무슨 사치냐고 할지 모르지만, 내 손으로 산 건 두 서너 개뿐, 모두 며느리나 딸들로부터 받은 선물이다.

한때는 인형 모으기에 열중했었다. 소위 우리 부부가 부르는 '조깝'이라는 물건 중에 인형들은 첫 번째로 꼽힌다. 인형들의 옷, 장신구, 몸짓, 거기에 표정까지를 꼼꼼히 살피다보면 저절로 미소가 지나가고 바다 건너 먼 나라 사람들이 그리워지기도 한다.

남편이 좁은 집에 '조깝'들이 너무 많아 정신이 없다고 불평을 해서 몇 년째 전혀 눈에 띄지 않게 되었다. 오동나무 서랍장 위 감귤상자 속에서 모두들 숨도 못 쉬며 겹겹이 앉든지 누워서들 있다. 이렇게 불편한 옥살이를 하고 있는 인형들을 언젠가는 풀어줘야만 한다. 이것들을 며느리나 딸들이 가지고 가든지, 아니면 귀찮다고 버릴지 모르겠지만 아직은 버릴 용기가 나지 않는 게 두 개나 있다. 한 이십여 년 전에 누리트 맛송 세키네(Nourit Masson Sekine)전시회에 가서 구입한 까만 양복을 입은 서양남자 인형인데 모델은 유명한 코미디언이라고 들은 것 같다. 또 하나는 딸들이 탐을 내는 김영희의 인형으로 종이옷이 아닌 남색 무명바지를 입은 귀여운 시골 소년이다.

이제부터는 셀 수 없이 많은 사진 버리기다.

오 남매 사진을 각각 나누어 놓은 다음 갖다 주든지 우편으로 보내든지 할 일인데, 맏딸 43년, 둘째 딸 41년, 셋째 딸 39년, 넷째 딸 37년, 막내아들 34년 동안의 사진들이 만만치 않은 일거리임에 틀림없다. 자식들 사진 나누어 준 다음 내 사진들은 열 장 정도만 남겨놓고 모두 태워버릴 생각이다. 내가 세상을 떠난 다음, 이리저리 흩어진 엄마 사진이 눈에 띄면 큰 부담이 될 것 같기 때문이다. 아마 이 작업은 금년 내내 끝내기 힘들지도 모른다. 사진의 양도 엄청나지만 너무나 많은 이야깃거리가 거미줄처럼 얽히면서 짜인 나의 삶이 그 사진 속에 모두 담겨져 있기 때문일 것이다.

지갑 속에 들어있는 등록번호 1983인 시신기증 등록증을 들여다보면 숙제를 푼 것처럼 마음이 편안하고 그 속에서 미소 짓고 있는 내 모습은 왜 이렇게 예뻐 보이는지 알고도 모를 일이다.

2002.《월간문학》

물은 육각형 모양의 꽃이래요

- 에모토 마사루의 ≪물은 답을 알고 있다≫를 읽고

출렁이는 물 위에 은빛 물감이 떠있습니다.

왼편 기둥 위의 보름달 크기만 한 수은등 불빛 때문에 잠시 눈이 부십니다. 백열빛 수은등 아래쪽은 금빛 레이스가 펼쳐진 것 같은 착각도 듭니다.

이곳 헬스장은 러닝머신 위에 서면 큰 통유리를 통해 시원하게 펼쳐진 수영장이 보입니다. 청년 1명이 물을 가르며 버터플라이로 힘차게 돌진하고 있습니다. 튀기는 물에게 마음속으로 꽃을 던져 봅니다. 아름다운 물이 돼서 청년이 오늘 하루 행복하게 지내라고.

러닝머신 위에서 겨우 10분밖에 걷지 못했는데 땀은 흐르고 힘이 들기 시작합니다. 눈을 감고 수영장 물을 예뻐하기로 합니다. 미국에 있는 열한 살짜리 손자 얼굴이 피어오릅니다. 다리 관절 때문에 고생을 하는 것 같은데 제발 녀석의 고통이 태평양 파도를 타고 지구 반 바퀴를 돌아서 할미 다리로 옮겨 오라고.

흔히 사람들은 숨쉬기조차 힘들 만큼 가슴이 저려온다든지 배반의 상처 때문에 견디기 힘들 때면 확 트인 강이나 바다를 찾는 것 같습니다. 이곳은 그저 눈에 들어오는 건 물이 가득 채워진 수영장일 뿐입니다.

물은 흘러야만 깨끗한 물로 변하는 건데 이 물은 흐를래야 어디로 흐를 수도 없기 때문에 사람들과 염소 섞인 물을 마시면서 출렁대고 있을 뿐입니다. 이 물을 뜬 다음 얼려서 사진을 찍어보면 회색 빛을 띤 일그러진 결정이 나올 게 뻔합니다.

물의 결정은 육각형이며 눈부신 눈꽃도 되고 선명한 다이아몬드처럼 반짝이기도 한답니다.

누굴 욕하거나 화를 내면 선명하지 못한 일그러진 모습이고, 기도를 하든지 고마운 마음을 가지면 아름다운 결정이 나타난다고 합니다. 일본 도쿄에서 실험을 한 적이 있었답니다. 걸프전이 시작되기 직전 물은 마치 흙탕물 같은 더러운 모습인데 전쟁이 끝난 다음에는 차차로 제 모습인 육각형의 결정 쪽으로 밝아지기 시작했답니다.

물은 지구의 반 바퀴 일은 물론 한 바퀴 일도 다 알고 있나 봅니다. 지진도 역시 마찬가지입니다. 지진이 나기 전에 벌써 예고를 하는 불투명한 사진이 나타난다니까요.

식물에게 모차르트 곡을 들려주면 아름다운 진동을 마시고 말 그대로 예쁜 꽃이 피어오르듯이 물에게 쇼팽의 '빗방울'을 들려주면 말 그대로 물방울 같은 결정이 보입니다. 차이코프스키의 '백조의 호수'는 결정이 아주 깜찍하고 가녀리게 나타나는 건 깜찍한 발레리나를 닮은 것 같습니다.

우리의 '아리랑'은 떠난 사람을 그리워하는 안타까운 가슴을 나타내는 아픈 모습의 결정입니다. 사람은 물이라는 말에 동감합니다. 처음 사람이 만들어지는 수정란 때는 99퍼센트가 물이었으며 태어났을 때는 90퍼센트고, 성장했을 때는 70퍼센트로 줄고 죽을 때는 50퍼센트뿐이랍니다. 건강하고 행복한 삶을 살려면 우리 몸의 70퍼센트를 차지하고 있는 물을 깨끗하게 하면 됩니다.

일본의 수돗물은 깨끗한 결정을 찾아볼 수가 없었답니다. 하지만 자연수는 아름다운 결정으로 나타났습니다. 이를 테면 용천수, 지하수, 빙하, 강 상류의 물 등 세계 어느 지역을 가든 위대한 자연에 따른 물은 깨끗한 결정으로 나타났습니다.

물은 글도 인식합니다. 유리병에 물을 넣고 워드프로세서로 친 종이를 핀으로 고정하여 물에게 보여주었습니다. '고맙습니다'라는 글과 '망할 놈' 이라는 글입니다. 먼저 글은 깨끗한 육각형 결정으로 나타났고 뒤 것은 제멋대로 흩어져 찌그러진 결정으로 나타났답니다. 물에게 아름다운 음악을 들려줬을 때 반응을 보면 이런 현상은 쉽게 수긍이 가는 사실입니다.

러닝머신 위에 선 지 벌써 32분이 지나가고 있습니다. 가슴이 답답해져 오기 시작하는데 눈을 감아봅니다. 정수리로부터 흐르는 땀이 뺨, 목, 가슴 등을 줄줄 흐릅니다. 땀도 물이기에 좋지 못한 생각들이 흐르고 흐르면서 희석되기를 바랍니다. 물은 육각형으로 된 아름다운 꽃입니다.

의미 붙여 보기 좋아하는 버릇은 예나 지금이나 여전합니다. 태평양 건너 미국에 있는 아들, 며느리, 두 손자와 여기 두 늙은이를 합하면 여섯 식구입니다. 헬스장에 들고 가는 옷장 열쇠도 매일 6번함에 넣은 다음 운동을 시작합니다.

물을 연구하는 사람은 못 되어도 물을 사랑하지 않고는 힘들 것 같습니다.

2003. ≪수필문학≫ 6월

쇳소리가 난단다

1963년 1월 3일 김포공항을 떠날 때 송영대 난간을 짚고 서 있던 외할머니가 떠오른다. 잿빛 양단 두르마기에 까만 조바위를 쓰고 어깨에 수달피 목도리를 두른 단정한 모습. 그 곁에 막 세 돌과 첫 돌이 지난 딸들을 떼어놓고 나는 비행기를 탔다.

할머니와 어머니는 미국 가거든 아들 하나 꼭 만들어야 한다고 애원하듯이 당부를 했다. 나의 아버지는 두 번째도 아니고 첫딸을 낳았을 때도 황가네도 망할 징조가 보인다는 심한 말로 화를 낼 만치 아들을 유별나게 좋아했었다.

하루 평균 세 시간밖에 잘 시간이 없는 고학생인 남편 곁에 가서 금방 임신이 됐다. 키는 작았지만 커다란 눈을 가진 Dr. Monti라는 이태리계 담당 의사는 부드럽고 친절했다. 원래 의사 앞에서는 늘 모범생이 되는 나는 식단도 짜주는 대로 먹고 모든 주의사항을 한 치도 어김없이 잘 지켰다.

의사는 딸인 줄 알면서도 우리가 아들을 원한다는 걸 알기 때문에 입도 떼지 않고 있었다는 걸 세월이 멀찌감치 뒤로 흘러버린 뒤에야 알게 됐다. 분만실에서 애기의 첫 울음 소리를 듣고 남편이 의사에게 물으니 'try again'이라고 대꾸해서 셋째 딸은 별명이 'try again'으로 한동안 불렸다.

두 딸을 친정집에 떼어놓고 와서 견디기 힘든 중에 미국에서 셋째가 생기니 나는 딸이라고 별로 섭섭함을 못 느꼈는데 한국에 있는 어른들은 난리가 난 것 같았다. 아버지가 돌림자까지 넣은 남자 이름과 여자 이름 몇 개를 미리 지어 보냈는데, 그 가운데 하나를 골라 황백순이라는 순 한국 이름으로 출생신고를 했다. 셋째를 낳은 뒤 피임약을 열심히 먹었더니 얼굴 전체에 거뭇거뭇 섬나라 세계지도가 나타났다.

인물 좋다는 소리는 못 들었어도 남편은 물론 남들로부터 피부곱다는 소리들을 많이 듣고 살아왔는데 서른하나 젊은 얼굴은 형편없이 망가져가기만 했다. 남편은 얼굴이 왜 그 모양이냐며 약 때문이라면 그만 먹으라고 핀잔을 주기까지 했다.

이제나 저제나 매사에 냉철하지 못한 나는 또 넷째를 가졌다. 오래간만에 만나는 사람들은 셋째를 가졌을 때를 기억하니까 아직도 애를 안 낳았느냐고 묻곤 했다. 셋째는 '64년 1월 27일생이고, 넷째는 '65년 8월 8일생이니 놀림감도 충분히 될 만했다.

또 한 번 아버지께 이름을 지어 달라고 부탁했더니 이름은 무슨 이름이냐고 역정을 냈다.

남편이 입원실에 들어서며 수고했다는 말을 듣는 순간 저절로 얼굴이 벽 쪽으로 돌려졌다. 뜨거운 샘물이 뺨을 타고 목덜미까지 사정없이 흐르는 게 아닌가. 놀라버린 남편은 피부가 미국 애들보다 희고 다리도 길다면서 잘생겼다고 말수 적은 사람이 수다를 떨었다.

그 애가 여섯 살 때였던가, 지금은 이 세상에서 만나볼 수 없게 된 서양화가 박길웅 선생 화실에 드나들 때가 있었다. 이 다음에 크면 딸들 중 넷째가 가장 멋있을 거라며 화가가 보는 눈은 정확하다고 했다. 지금 생각해 보면 대충 맞는 것 같다.

내년이면 마흔이 되지만 네 딸들 중 키가 크니 다리도 길고 하얀 애기 살갗을 닮아 저절로 뺨을 만져보고 싶어진다. 크면 미스 코리아에 내어보낸다고 푼수 엄마는 발바닥에 우두를 놓아준 까닭에 발 등이 퉁퉁 부어올라 무릎으로만 기어다니게 한 일까지 있었다.

남편 공부 끝내고 1967년 겨울 미국에서 얻은 딸 둘을 데리고 귀국했다. 세 돌이 지난 셋째와 넷째는 신기하게도 1962년 친정에다 떼어놓고 떠난 두 딸들과 같은 또래였다. 막상 딸 넷을 함께 모아 놓으니 정신을 차릴 수가 없게 되었다. 어머니는 내 집을 뻔질나게 드나들며 이 달에도 소식이 없느냐고 아들 타령을 계속했다. 아마 서울 시내에 있는 용하다는 점쟁이 집은 다 뒤지고 다니는 것 같았다.

아버지는 내 몸을 한 번 묶고 두 번 세 번도 모자라 네 번을 묶어 놓았으니 숨도 제대로 쉴 수 없게 됐다면서 미국에서 데리고 온 딸 둘은 눈길도 주지 않은 채 냉랭하게 대했다. 하기야 첫딸부터 황가네 망할 징조가 보인다고 했는데 네 명씩이나… 망조가 들었으니 어쩌겠는가.

어머니는 유아독존적형인 강한 성격이라서 몹시 무서운 분이셨다. 나는 한 번도 대꾸는커녕 어떤 종류의 사소한 의견조차 말할 수가 없었다. 늘 어머니가 하라는 대로 따르기만 하며 살아왔기에 어울리지 않는 효녀 소리를 듣고 지냈다. 하지만 아들 없이 딸만 넷을 두게 된 뒤로 어머니와 나는 매일 얼굴을 붉히면서 말다툼을 하는 까닭에 삼십오 년 동안 듣던 효녀 소리는 와르르 무너져 내리고 있었다

어머니와 승강이를 하는 것과는 관계없이 1968년 무신년 새해는 밝아왔다. 어머니는 무신년은 반드시 아들 낳을 운이라 하며, 만약 딸이면 어머니 호적에 올려 어머니가 키우겠다며 강한 의지를 보이기까지 했다. 아들이면 당신에게 안주고 네가 키울 게 뻔하다며 농담까지 덧붙였다.

어머니만 만나면 머리가 깨어질 듯 아파 오고 숨쉬기도 불편한 가운데 또 임신이 됐다. 애가 안 생겨서 고생만 하는 사람도 있는데 나는 남편을 바라보기만 해도 애가 들어서는 것 같

았다. 어머니는 좋아서 어쩔 줄을 몰랐지만 나는 낳지 않기로 결정을 내렸다. 산부인과에 가서 예약까지 하고 온 날 하필 어머니가 와서 평생 소원이라면서 눈물을 펑펑 쏟으며 우는 게 아닌가.

내 나이 열네 살이 됐을 때 남동생 아우를 봤으니 어머니는 옛날부터 아들을 몹시 좋아했던 것 같다. 아마 시어머니로부터 아들 때문에 구박을 많이 받았지 싶다. 끔찍이도 아들 좋아하던 어머니는 1994년 2월 22일에 세상을 뜨시고 이듬해 3월 30일에는 마흔아홉살인 외아들이 그 뒤를 이었다. 너무 아들을 못 잊은 나머지 저 세상으로까지 불러들인 것일까.

엄마 뜻대로 배가 점점 불러왔다. 주위로부터 여러 번 망신을 겪은 것만은 사실이다. 우연히 길가에서 고등학교 동창을 만난 일이 있다. 그 친구를 미국 가기 전 본 걸로 기억되니 육년만인 것 같았다. 몹시 반가워하더니 주책없이 아직까지 애기를 가졌느냐고 하는 게 아닌가. 길 가던 내 또래 남자 둘이 되돌아보며 킬킬대며 지나갔다. 감히 그 친구에게 미국 가서도 딸 둘을 만들었다는 사실은 말할 용기가 나지 않았다.

그때 내 나이 서른여섯 그러니까 지금으로부터 삼십오 년이 지난 일이지만 자디잔 꽃무늬가 찍힌 오렌지 민소매 임신복을 입었던 일이 생생하게 남는 건 창피했던 기억이 너무 컸기 때문이다. 그 시절 그 친구는 여자대학교 교수로 당당한 위치에 있던 때였다.

어머니는 딸 낳으면 당신 호적에 올린다고 매일 단단히 다지고 있는데, 하루는 시어머님이 오셔서 두 사돈이 이야기를 나누던 중이었다. 어머니가 또 딸이면 어떻게 하냐고 걱정을 했더니 시어머니는 아들도 팔자에 있는 거라고 했단다. 맞는 말이지만 자꾸 낳다 보면 언젠가는 아들이 생기지 무슨 팔자냐고. 어머니는 기분이 상한 것 같았다.

어머니의 끈질긴 염원인지 점쟁이 말이 맞았는지 끝내 다섯째는 아들이었다. 어떤 사람은 기어코 홈런이 터졌다고 말했다.

시아버님은 내가 좋아하는 걸 어떻게 알았는지 속에 팥이 들어 있는 화과자를 한 상자 들고 병원에 들르셨다. 일찍이 그처럼 행복한 표정을 본 일이 없었다. 친정어머니만 아들을 원하는 줄 알았는데 무뚝뚝한 남편도 입을 다물지 못하고, 주위 사람들 등쌀에 한 달 월급을 몽땅 날렸다는 얘기는 한참 뒤에 들었다. 고마운 건 결혼하고 십 년이 흐르도록 시부모님과 남편이 한 번도 아들 얘기를 내게 한 적이 없다는 거다.

퇴원하고 집에 돌아와보니 열 살 된 첫딸부터 내리 다섯 명이 바글대 마치 탁아원 같은 분위기로 바뀌고 말았다.

이런 일도 있었다.

"아빠, 저게 뭐야?"

"엄마 약."

"닭이 그려져 있는데."

애들 손닿지 못하게 높은 벽에 걸려 있는 튀긴 통닭이 든 봉투였다. 어린것들이 냄새를 못 맡았을 리 없는데 다시는 아무도 입을 떼지 않았다. 지금도 통닭만 보면 옛날 가난했던 시절이 떠오르면서 가슴앓이 같은 통증이 지나간다.

며느리들이 시집 식구 미워서 시금치도 입에 대지 않는다는 말이 있고, 딸이 있으면 비행기 타고, 아들이면 리어카를 타게 된다는 말도 있는가 하면, 아들 하나면 뒷방에서 죽고 둘이면 길거리에서 죽게 된다는 말들은 누가 지어낸 속담(?)일까.

시부모님 돌아가신 지도 너무 오래 돼서 햇수 세기도 한참 걸리고, 아들 좋아하던 친정어머니가 세상을 뜬 지도 십 년이 되어간다. 이제 영순위로 격상된 우리 부부는 칠십을 넘기면서 이렇게 살고 있는 중이다.

우리의 외아들은 올해 서른여섯인데 아들만 둘을 두고 있다. 아들 둘을 둔 착한 며느리 얼굴이 떠오른다. 생전에 외할머니는 자주 내게 이런 말을 했었다.

"자식 없는 ×은 제일 고약하고, 딸만 둘 둔 ×은 다음이고, 여자는 아들을 낳아봐야 사람이 되는 거란다. 아들을 키우려면 쇳소리가 난단다, 쇳소리…."

2003. ≪현대수필≫ 여름

4부

양귀비꽃 깃발도 보이고

새벽 산책길에 나선다.

딸네 집으로부터 남쪽으로 남쪽으로 발걸음을 옮겨 본다.

웬 까닭인지 모르겠지만 이곳은 지구 끝자락 마지막 마을 같은 생각도 드는가 하면 오랜 역사를 지닌 유럽 어느 마을 같다는 착각도 든다.

여기는 미국 유타주 솔트레이크시티 약간 변두리 마을. 오늘 기온이 104도라니 섭씨로는 40도나 된다는 거겠지. 하기야 오늘이 7월 23일이니 어쩔 수 없이 여름 한 허리를 힘겹겠지만 지낼 수밖에 없는 노릇이다. 한 블록 지나고 두 블록, 지나갈수록 주택가는 사뭇 평화롭다.

워낙 땅이 좁은 탓인지는 몰라도 우리나라 사람들은 치와와, 페키니스, 요크셔테리어, 퍼그 같은 작은 애완견을 많이들 좋아하는 것 같은데, 이곳 사람들은 덩치가 큰 개들을 데리고 나선 게 눈에 띈다.

새까만 스키퍼키, 흰색 털에 검정색 반점이 선명하게 박혀 있어 세련된 달마티안이나 느슨한 얼굴 주름 때문에 인상이 안 좋은 블러드하운드 같은 고급견도 보이지만, 대개는 어떻게 혈통이 섞였는지 짐작도 안 되는 ×개가 대부분이다. 한 마리도 아니고 두 마리, 어떤 사람은 세 마리씩이나 이끌고 걷기도 하고 뛰기도 한다. 힘이 드니까 허리에 맨 넓은 가죽 벨트에다 개줄을 늘어뜨린 사람도 있다.

산책하는 사람들은 대개 젊은 사람들인데 나 같이 나이 많은 사람도 서너 명은 만난 것 같다. 마주 오는 사람을 만날 때마나 '굿모닝'을 저쪽에서 먼저 하든지 이쪽에서 먼저 하면서 서로 얼굴을 밝히며 지나간다.

스프링클러를 틀어 놓은 집 앞이다.

이슬 같은 분수가 이리저리 돌아가며 퍼지고 있다. 낯익은 적자색 한련화 잎사귀 위에 또르르 또르르 구르는 아기 이슬방울이 귀엽다. 바로 옆에 꽃잎이 네 개로 벌어진 코스모스를 닮은 연분홍색 꽃이 있나 하면, 흑갈색의 잎 꼭지가 부챗살 모양으로 갈라진 공작초 같은 풀도 있다. 자디잔 하늘색 로베리아꽃은 밝게 반짝이며 꽃잎 네 개짜리끼리 서로 옹기종기 모여서 생글대고 있다.

"찌찌, 찌찌쪼로, 찌이, 쪼로로로로로로."

어디선가 새 소리가 들린다. 가늘고 아름다운 소리로 길게 되풀이를 한다. 이건 어디까지나 솔로다. 사방을 둘러보니 암갈색에 가로 무늬에다 꼬리는 약간 치켜져 있는 10센티미터나 될까말까한 작은 새. 이런 새를 우리는 굴뚝새라고 부르는지 모르겠다.

"쮸삐, 쮸삐, 쯔삐, 쯔삐" 들리더니 곧 이어 "치, 치, 치" 하고 부드러운 소리가 들린다. 이번 새는 선명한 적갈색인 걸 보니 수놈인 게 분명하다. 먼저 놈과 듀엣을 하는 건지, 주거니 받거니 소나타를 노래하려는 건지, 어찌 됐건 기막힌 화음의 연속이다. 확실하진 않지만 이번 새는 솔잣새일 거라고 적어둔다.

정원 앞에 수도관을 뽑아 놓은 집도 있다. 기둥처럼 올라온 수도관에 윗 것은 사람을 위한 것이고 아래 꼭지는 멍멍이가 목을 축이게 마련한 것이다. 멍멍이 수도꼭지 아래는 대접만 한 물그릇이 달려 있다. 순간 따스한 기운이 한 줄기 구름처럼 가슴에 머문다. 길 건너편엔 '아인슈타인 베이글' 집이 보인다. 어딜 가도 저 집 베이글처럼 맛있는 건 없다고 한다. 오죽하면 다른 주에 사는 사람들도 이곳에 일부러 와서 사가지고 가기까지 할까. 기나긴 세월 꾸준히, 질기게 지켜 온 유태인 특유의 상술에 고개가 끄덕여진다.

'스타벅스 커피숍'도 보인다. 가게 안이 아니고 밖에 나와 흰색 테이블 위에 눈에 익은 종이컵을 놓고 중년의 남자가 홀로 앉아 있다. 스타벅스를 우리나라가 수입하기 전에는 내가 좋아한다고 딸이 소포로 보내주기까지 했던 커피였건만, 지금은 먹고 싶기는커녕 정나마기 떨어지는 건 웬일일까. 이곳 커피숍은 한산해서 장사가 될까 의심스러운데, 우리나라는 헤아릴 수 없이 많은 스타벅스 커피숍 안에 항상 젊은이들이 우글대는 걸 보았기 때문이다.

책 가게도 보인다. 조그만 유리 문 옆에 깃대가 꽂혀 있다. 깃발 안에는 흰색, 붉은색, 자색의 예쁜 양귀비꽃들이 모여들 있다. 주인이 양귀비꽃을 좋아하는지도 모른다.

국화 같은 꽃은 너무 오래 피고 있어 밉상스럽기까지 하거니와 청승맞은 구석도 있는 것 같다. 양귀비꽃은 하루 동안만 피기 때문에 그처럼 깔끔하고 아름다운 자태를 뽐내는 건 아닐까.

내일 아침에도 산책은 가고 싶다.

똑같은 길로 갈까, 다른 길로 바꿔 볼까.

2004. ≪수필문학≫ 3월

살아 있는 장례식

숨을 거둔 다음 딱 한 번만 다시 눈을 떠보고 과연 누가 내 곁에 왔는지 보고 싶다고 말한 적이 있다. 한참 다섯 아이들 키우느라 북새통을 떨 때였으니 아마 몇십 년쯤 전 일이겠다. 언제 이런 말을 했었다는 건 지금 내게 그리 중요하지 않다. 숨을 거두면서도 사랑을 아쉬워하는 이기심이 부끄러울 뿐이다.

여기 ≪모리와 함께 한 화요일(Tuesdays with Morrie)≫이란 책 속으로 잠시 들어가 한 장, 한 장 향기가 밴 사랑의 숨소리를 듣기로 한다.

모리 슈워츠라는 사람은 사회학과 교수다. 루게릭이란 희귀병에 걸려 사지를 쓰지 못하다가 결국 숨쉬기도 힘들어지면서 죽음을 앞둔 환자다. 그의 제자 미치 알봄(Mitch Albom)이 모리가 세상을 떠나기 전 서너 달 동안 매주 화요일에 만나 선생님이 인생에서 얻은 경험을 말로 펼친 이야기들을 기록한 책, 주제는 '인생의 의미'. 화요일은 정확히 열네 번만으로 아쉽게도 끝이 나고 만다.

모리 가족은 소련에서 미국으로 이민 온 사람들이다. 그의 아버지는 보잘것없이 왜소한 체구에 늘 가난했으며 영어도 물론 못해서 어머니가 세상을 떴다는 전보도 모리가 읽어줘야만 했다. 가난에 찌들려서 아버지는 냉랭한 가슴을 가질 수밖에 없었나 보다.

모리는 훗날 자식들이 생기면 애들을 끌어안고 마음껏 키스와 허그를 많이 해주겠다고 다짐까지 한다. 미치가 모리 뺨에 키스를 하면 너무 행복해하며, 만약 아들이 하나 더 있다면 너였으면 좋겠다고 말한다. 미치는 순간 머뭇거려진다. 왜냐하면 자기 아버지에게 미안한 생각까지 드는 아주 가슴이 따뜻한 사람이니까. 아름다운 사제지간의 체온 때문에 가슴은 저려오기까지 한다.

누군가의 살 냄새가 아쉽고 눈이 감겨지는 뽀뽀에 꼬옥 안기고 싶은 가슴이 그리웠던 어린 시절이 잠시 스치고 지나간다. 나의 부모님은 생전에 서로 상대방이 좋아할까 봐 당신들이 먼저 죽지 못한다고 심한 악담을 하며 그야말로 열심히 싸우고 또 싸웠었다. 이 세상에서 가장 불쌍한 부부로 살다 가신 분들이다.

모리는 시인 오든이 말한 '서로 사랑하지 않으면 멸망하리'라는 구절을 가장 좋아한다. 가족이 없다면 사람들이 딛고 설 바탕이 안전한 받침대가 없게 되어 가족의 뒷받침과 애정과 염려가 없으면 많은 걸 가졌다고 말할 수 없다고 한다. 자기가 이혼을 했거나, 혼자 살거나 자식이 없다면 병마를 견디기가 더 힘들었을 거라고.

가족은 지켜봐주는 누군가가 거기 있다는 사실을 상대방에게 알려주는 것이 중요하다고 한다. 상대방에 대한 완벽한 책임감을 경험하고 싶다면 사랑하는 법과 가장 깊이 서로 엮는 법을 배우고 싶다면 자식을 가져야 한다.

정말이지 맞는 말이라고 여겨진다. 경제만 허락한다면 자식은 많을수록 좋다는 생각인 것은 여러 형제 가운데서 성장한 사람들은 나홀로 성장한 사람보다 마음 씀씀이가 넓고 착한 사람들을 많이 보아왔기 때문이다.

모리는 병마와 싸우면서 78세가 됐다. 그는 자기 안에 모든 아이가 있다고 들려준다. 3세이기도 하고, 5세이기도 하고, 37세이기도 하고, 50세이기도 하다고. 그 세월들을 다 거쳐 왔으니까. 어린애가 되는 것이 적절할 때는 현명한 어른인 것이 기쁘다고.

어떤 나이든 될 수 있다는 것을 생각해 보면 이 나이에 이르기까지 모든 나이가 내 안에 있음으로 다 거쳐 온 시절이라 젊은 사람들이 부럽지 않다고 말한다.

점잖게 나이를 먹고 아름다운 생각과 마음으로 죽음을 맞이하는 모리 때문에 나는 숨소리도 들리지 않는 세상 만물이 완전히 멈춘 듯한 순간을 가지게 된다. 내 몸 속의 수많은 핏줄에 닥지닥지 붙은 꺼먼 먼지 덩어리들 같은 게 느껴지면서 아픔으로 지나간다.

미치가 모리에게 묻는다. 앞으로 24시간만 건강해진다면 어떻게 보내겠냐고. 모리는 조용히 입을 연다. 아침에 일어나서 운동을 하고, 스위트 빵과 차로 멋진 아침식사를 하고, 수영을 하러 가고, 찾아온 친구들과 맛좋은 점심을 먹고, 저녁에는 모두 레스토랑에 가서 스파게티를 먹은 다음, 멋진 춤 파트너와 지칠 때까지 춤을 춘 다음 집에 와서 깊고 달콤한 잠을 자고 싶다고.

너무나 평범하고 소박한 바람이다. 놀랄 수밖에 없다. 정말이지 모리는 평범한 하루에서 완벽함을 찾을 수 있는 사람이다.

모리는 마지막이 점점 가까워진다고 짐작하고 있으면서 죽음은 생명이 끝나는 것이지 관계가 끝나는 것이 아니라고 말한다. 모리가 브렌다이스 대학에서 함께 가르치던 친구가 갑자기 심장마비로 죽자 장례식에 다녀와서 크게 상심한다. 장례식에 모인 사람들이 모두 멋진 말을 하는데 주인공은 듣질 못하니 모슨 소용이냐고. 그리고는 급하게 멋진 생각을 해냈다. '살아 있는 장례식'을 마련한다. 집안 식구들과 몇몇 가까운 사람들을 초대한다.

여러 사람들은 멋진 말을 했고 모리 선생님께 경의를 표한다. 몇몇은 울었고 또 몇몇은 소리 내어 웃기도 한다. 어느 여자 분은 자작 시를 낭독한다.

> 내 사랑하는 사촌 형부
> 당신의 가슴에 늙을 줄 모르는 가슴은
> 마치 오랜 시간이 흐를수록
> 점점 여린 세콰이어* 나무처럼.

모인 사람들은 평소 미처 말하지 못한 가슴 벅찬 이야기를 전부 털어놓는다. 모리는 그들과 함께 울기도 하고 웃기도 한다.

모리는 어느 토요일 아침에 착한 아내, 사랑하는 두 아들을 남겨 놓은 채 숨을 거둔다. 사람들이 잠시 커피를 마시려고 곁을 비웠을 때 그가 원하던 대로 혼자 간다. 늘 모리 쪽에서 미치에게 얘기를 들려줬지만 이제는 미치가 산소 앞에 가서 얘기를

---

* 세콰이어(Sequoia) : 소나무과에 속하는 나무로 세계 최대의 나무

할 차례가 된다. 자기는 그때가 되면 듣기만 하면 된다고 생전에 하던 말 그대로.

다시 태어난다면 우아하고 빠르기도 한 사막을 뛰어다니는 가젤 영양으로 태어나고 싶다던 모리 교수였다.

2004. ≪현대수필≫ 여름

오월이 열리는 날

오월이 열리는 날이다.

새벽 다섯 점. 어두컴컴한 둔치 길을 홀로 걷는다.

오른켠 언덕에는 쭈욱쭈욱 뻗어 나온 쇠뜨기 무리들이 암갈색이라 아직은 희미하게 보인다. 그것들을 무슨 색깔이라고 하면 좋을까. 연근 껍질을 긁은 뒤에 나타나는 살색 같기도 한데, 똑바로만 크느라 마디마디 쉬어가면서 자라고 있는 건 아닐까.

이번에는 왼편으로 눈을 돌려본다. 잘 익은 감들이 냇물 속에 가라앉아 있다. 가라앉아 있기만 한 것이 아니라 물 속에서 반짝반짝 황금빛을 뽐내고 있다. 아파트 옆 찻길가 키다리 가로등들이 황금빛감이 되어 물 속에 잠겨 있기 때문이다. 마치 동화 속의 한 장면처럼.

내 나이 아홉 살 때였으니까 정원 언니는 열 살이었을 것이다. 그때 할아버지 댁은 '강원도 통구면 보막리'라는 곳. 삼팔선이 그어지기 전 여름과 겨울 방학 때 딱 두 번밖에 가볼 수 없었던 곳.

할아버지 댁 가까이 언니네 집이 있었다. 달빛이 냇가를 대낮같이 밝혀주던 밤. 바가지를 냇물에 엎어놓고 두 손으로 둥둥 치며 노래를 들려주던 언니, 왠지 눈물이 날 것 같았던 기억이 아직도 남아 있다. 서울에서 놀러온 동생을 위해 바가지를 악기 삼아 들려준 울림은 지금도 어떤 앙금처럼 가슴에 남아 있다. 언니는 어린 나이에 엄마를 하늘나라로 보낸 사연이 있었다.

한강에서 2.00km라는 표지판 안에는 조그만 물고기 세 마리를 예쁘게 그려놓았다. 표지판 뒤 언덕에는 개나리꽃들이 자랑이나 하듯 아래로 아래로 늘어뜨려져 있다. 화려한 노란색 꽃만이 아니고 더러는 꽃이 떨어진 뒤 푸른 잎사귀가 돋아나 노란색과 푸른색이 서로 조화를 이루어 부드러운 느낌을 준다.

주위가 어두우니 향기가 살아난다. 눈이 저절로 감겨진다. 향수 내음은 대체로 비위가 거슬리는데 이것만은 아니다. 투명하면서도 먹고 싶기까지 한 향기. 이런 향수라면 무릎 아래 살짝 뿌려봐도 좋을 듯싶다.

눈을 떠 본다. 하얀 조팝나무 꽃들이 길 양편을 따라 끝없이 늘어서 있다. 멀리서 바라보면 흰 구름덩이로 보일 수도 있지만 내 눈에는 온통 레이스로만 만들어진 웨딩 드레스가 떠오른다.

결혼을 하려면 오월에 하라는 시인도 있었다. 축복 받을 오월이라는 말일 거다.

1958년 5월 18일, 나는 사랑하는 사람과 결혼을 했다. 결혼 전날 밤 안방 다락 위에 올라가서 펑펑 울었던 기억. 친척들이 함을 구경하러 모였는데 기다리던 함은 안 오고 통금 사이렌만 무섭게 울리고 말았었다. 철따구니 없는 내가 함 같은 건 안 해도 된다고 했고, 신랑은 어머니께 그 말을 전했으며 어머니는 그냥 준비를 안 하고 말았던 것이다.

한강에서 1.75km라는 표지판 앞에 왔는데 오른쪽 언덕길은 월드컵 경기장으로 올라간다는 표지판이 하나 더 보인다. 머리 위쪽에서 시끄러운 차 소리가 들린다. 하도 시끄러워 가슴이 울렁거리기 시작한다. 아무 소리도 들리지 않는 산골짜기 고요한 한 무덤 속에선 이런 소음도 그리운 소리로 들릴지도 모른다. 기차 소리, 오토바이 소리, 엿장수 가위 소리들이 그리운 고향의 소리로 가슴에 메아리치듯이.

월드컵 경기장 쪽 수은등은 냇물 속에 가라앉아 있질 못한다. 아쉽게도 냇가와의 거리가 멀기 때문이다. 그 대신 무더기를 이룬 조팝나무와 조팝나무 사이 풀밭에는 종지나물들이 쏟아부은 것처럼 풀밭에 엎디어 있다. 우리가 늘 보는 제비꽃은 보라색이지만 이건 보라색이 너무 엷어 거의 흰색으로 보이는 꽃잎 바탕 한가운데 보라색이 살짝 물들었을 뿐이다. 한눈에 깔끔하고 앙증맞다. 잎사귀가 종지 모양이라 종지나물로 부른다는데 이국에서 이민 온 꽃이란다.

2001년 5월 19일은 외아들인 막내가 미국서 학위를 받은 날이기도 했다. 나는 늑골을 다쳐 가슴에 벨트를 감고 휠체어 신세를 지면서 비행기에 올랐었다. 제 누나들은 졸업을 두 번도 하고, 세 번도 하고, 네 번씩이나 했지만 한 번도 가볼 수가 없었다. 딸들이 많이 섭섭해하는 눈치였지만 그냥 아무 말도 못한 채 지금까지 시간을 흘려보내기만 한다.

감색 · 노랑 · 감색 · 노랑 둥글게 띠를 둘러 색칠한 말뚝 두 개가 바닥에 꽂혀 있는데, 이번에는 한강에서 0.75km란다. 계속 똑바로 걸어왔는데 이번에는 완만한 휘어져 있는 길이다. 머리 위 육교가 아직까지 본 것 중에 가장 크니 그 공간도 굉장히 넓다. 50명도 넘는 사람들이 지칠 때까지 춤을 추어도 충분할 듯싶다.

갑자기 주위의 불들이 꺼진다. 이젠 냇물 위엔 거품이 둥둥 떠돌기만 한다. 0.5km도 지났는데 애기원추리들이 옹기종기 사이좋게 얼굴을 내밀고 있다. 요것들은 한 달이나 지나야 노랑꽃이 저녁 무렵 피었다가 다음날 아침에야 시들겠지. 금낭

화도 군데군데 피어 있다. 수줍게 고개 숙인 분홍빛 금낭화는 여인들이 치마 속에 매달고 다니는 주머니 같아서 붙여진 이름이라고 했지.

한강에서 0.25km라는 마지막 표지판을 뒤로 보낸다.

이제 한강이다. 어느새 쏜살같이 날이 밝다니. 무섭다. 성산대교가 보이고 강인데도 비릿하고 구수한 바다 냄새가 난다. 지금까지는 잘 닦아놓은 시멘트 길을 걸었는데 이제는 강가 흙길로 들어선다. 신발 바닥이 부드럽디부드럽다. 구수한 흙 냄새도 맡아진다. 샌들을 신은 손자의 엄지발가락이 떠오른다. 상암나루 건물이 보이고 돌로 만든 커다란 기념비가 서 있다.

'한강공원 난지지구'라고 썼는데 유독 그 아래 '2002. 5. 1'이라고 적힌 게 눈에 들어오는 건 웬 까닭일까.

2004. ≪에세이문학≫ 여름

수애씨에게

4월 30일(수)

수애씨.

인천공항을 떠난 지 열세 시간 반 만에 애틀랜타 공항에 도착했어요. 두 해 전만 해도 어깨에 멘 백을 일일이 열라면서 이건 뭐냐, 저건 뭐냐 하며 화장품 주머니와 약봉지까지도 귀찮게 묻더니 이번에는 한 번도 백 속을 볼 생각을 안 하더군요. 워낙 할머니라 무시해버리는 건지, 귀찮아서 그냥 통과시키는 건지 모르겠군요.

백 안에는 며칠 전 당신이 전시회 때 출품했던 뒷면에 예쁜 민화꽃 그림이 그려진 손거울이 네 개나 들어 있었거든요. 부치는 큰 가방에는 깨질까 봐 안 넣었으니 염려마세요.

하지만 맨발로 신은 샌들은 여전히 비닐 바구니에 백과 함께 넣어 X레이를 통과시키는 것까지는 봐 주겠는데 양쪽 검지 손가락을 기계 위에 얹어 지문을 채취한 다음 얼굴을 들라하고 사진까지 찍는 데는 몹시 불쾌했어요. 할머니가 무슨 전과자나 된다는 건지요.

9 · 11사태 이후 어쩔 수 없이 이런 방법을 쓰고 있다고 이해는 하고 있지만, 이해한다는 것과 기분 상한다는 것은 또 다른 감정이 아닙니까.

대체 우리들은 못나리만치 순한 코리안들인데 어떻게 끔찍한 테러를 상상이나 할 수 있겠어요.

이민국 직원 앞에 섰습니다. 내 몸집 두 배도 넘는 뚱뚱한 아프리칸 아메리칸 여인이 어딜 가느냐고 묻길래, 아들 집에 간다니까 얼마나 머물 거냐기에 6월 5일에 뜰 거라니 아름답게 영어를 잘한다며 너보다도 잘한다고 옆에 서 있는 한국 통역관을 쳐다보면 웃더군요.

인천에서 애틀랜타까지 KAL기로 직행하기 때문에 승객의 80프로는 한국 사람들이라 통역관 여인이 계속 서있더라구요.

수애씨.

내가 정말 영어 잘하는 건 아니에요. 아무리 서툰 영어라도 배운 사람들은 금방 눈치로 알아듣는 걸 알고 계시죠? 여러 해 전 달라스 공항이 엄청나게 커서 놀랐는데 애틀랜타 공항은 더 커요.

긴 시간 비행기도 탔지만 너무 넓고 너무 많은 사람들이 들

끓어 머리가 흔들리고 다리 힘도 빠져 약간은 휘청거렸답니다.

아들 내외와 손자 둘이 마중 나왔어요. 당신이 좋아하는 큰 손자가 먼저 눈에 들어왔어요. 세상 넓은 줄은 모르고 하늘만 높은 줄 아는지 그저 길기만 합니다. 끌어안으려니 뼈만 가슴에 느껴져 오더군요. 뜨거운 뽀뽀를 해준 다음 둘째 손자를 안으려 하자 얼른 할미 가슴에 안겼어요. 에미가 깜짝 놀라며 핏줄이 당기나보다고 하더군요. 다른 사람에겐 그리 안 했다는 얘기 같으니 또 나는 철도 없이 가슴이 출렁거렸습니다.

5월 14일(토)

수애씨.

오늘은 좀 얘기가 길어질 것 같습니다. 몹시 속이 뒤틀리는 날이었거든요. 이곳 센트럴에서 솔트레이크에 있는 셋째딸네로 가는 날이며 애비가 샌프란시스코로 출장을 갔다가 오는 날이기도 합니다. 며늘애가 애들 둘까지 태우고 공항까지 시어머니를 데려다 주게 되니 미안하고 속이 편치 않았어요.

애들 집에서 애틀랜타 공항까지 두 시간이나 걸리는데 서울에서 대전 거리와는 전혀 다른 먼 거리입니다. 전화로는 애틀랜타 공항에서 만나자고 해서 며늘애가 운전하기로 약속이 돼 있었는데 애비가 아침 7시 30분에 집에 도착해서 부랴부랴 다시 애틀래타 공항으로 차를 몰았어요. 피곤을 무릅쓰고 온 게 대견스러우면서도 가슴이 아렸어요.

체크 인까지 도와주고 헤어지는데 두 손자에게 뽀뽀해 주니 무슨 일이 있으면 연락하라고 부부 휴대폰 번호까지 비행기표 한 귀퉁이에다 적어주더군요. 정확하고 꼼꼼한 건 부전자전이에요.

국내선은 아무리 멀어도 절대 밥을 안 준다고 에미가 참치 샌드위치 하나를 싸 주어서 물 한 병 사서 게이트 앞에 앉아 먹으니 꿀맛 같았어요.

미국 국내선은 엉망진창 시간이 십 분도 좋고 이십 분도 상관없이 질질 끌고 있어요. 창밖을 내다보니 비행기 뒤쪽 뾰족이 솟은 날개에 맨 밑부분은 하늘색, 바로 위는 남색, 맨 위는 빨강색 두꺼운 천으로 마치 둥글게 휘감은 듯한 멋진 표시의 미국 비행기가 여기저기 흩어져 있어요. 무슨 뜻을 지니고 있는지는 몰라도 그런대로 멋져 보이는 것도 같았어요.

기계를 체크하는 것 같은데 기다리라, 기다리라 해놓고 그 넓은 공항을 몇 바퀴나 도는 거예요. 물 한 모금도 안 주는데 천만다행인 것은 아까 공항에서 산 물 한 병이 있었기 때문이에요. 옆 자리에 앉은 얼굴이 통통하고 귀엽게 생긴 젊은 여인에게 빵을 먹겠느냐니까 너무 좋아하며 주먹보다 큰 잡곡 빵을 부지런히 먹더군요.

수애씨.

미국 여자들 수다는 아무도 못 따라가요. 남편에게 전화로 보고하기를 옆에 앉은 스위트한 레이디의 며느리가 만들어준 빵을 줘서 맛있게 먹는 중이라며 날 쳐다보며 행복한 미소를 지었어요. 사실 나도 몹시 허기가 져 있었습니다. 오늘 밤은 이 비행기 안에서 자는 거 아니냐면서 뒷좌석에서는 불평인지 농담인지 분간이 안 가는 말도 들려왔습니다.

그때 젊은 여인이 전화할 데 없느냐고 물어줬어요. 빵 한 개 선심 쓴 덕에 휴대폰을 세 번이나 빌리게 됐습니다. 앞뒤 좌석 승객에게 남은 빵을 하나씩 주고 싶었지만 비행기가 언제 출발할지 몰라 아끼기로 했습니다. 우리들의 저녁을 위해 백 안에 빵이 또 있다니까 옆의 여인은 고맙다고 좋아라 했어요.

세 시간이나 지나서야 처음 탔던 게이트에 내려놓고 다음 비행기로 갈아타라고 했어요. 참 그때 젊은 여인이 게이트로 나와 스타벅스 커피 한 잔을 들고 내게 주며 자기 컵에 뽀뽀를 쪽 하며 행복해하는데, 나는 너무 지친 나머지 커피 한 모금을 마시니 뽀뽀보다는 눈물이 나올 것만 같았습니다.

애틀랜타 시간으로 오후 6시나 되어서야 비행기가 하늘에 올랐어요. 그러니까 이 시간은 솔트레이크 도착 시간입니다. 누군가가 박수를 치고 옆에 앉은 젊은 여인도 박수를 쳤지만 나는 너무 화가 나서 가만히 앉아 있었어요.

미국 사람들은 질기게 참을성도 많은 것 같아요. 그렇게 여러 시간 비행기 안에서 시달렸건만 멀쩡해요. 내가 영어나 잘하면 따지기도 하고 요구 사항을 얘기하련만. 영어로 싸울 수만 있다면 얼마나 영어를 잘해야 되는 건지 당신도 알고 계시죠? 영문학 박사쯤 돼야 되는 거 아니겠어요?

여러 해 전 남편이 일본 학회에 갔다 와서 들려준 얘기가 떠오릅니다. 국내선 어느 공항에서 한 시간 반 가량 출발이 늦어졌는데 탑승구 앞에 공항 간부들까지 쭈욱 늘어서서 비행기에 오르는 승객에게 봉투 하나씩 건네며 미안하다고 인사를 했답니다. 그 봉투 속에는 1,000엔이 들어있었답니다.

5월 16일(월)

수애씨.

당신도 여러 해 전 내 셋째딸이 한국에 왔을 때 만난 적 있지요?

이년 만에 보는 셋째딸은 몸매도 날씬해져서 너무 예뻐 보였어요. 눈썹이 잘 정리돼서 깨끗해 보인다니까, 엄마도 눈썹 하자고 금방 나가자는 거예요. 아무도 눈썹 정리한 걸 모르는데 역시 엄마가 최고라면서.

참 딸이 새로 장만한 집을 먼저 소개할게요. 밖에서 얼핏 보면 그냥 평범한 붉은 벽돌로 된 작은 집이지만 현관에 들어서면 맞은편에 두 그루의 큰 체리나무에 다닥다닥 버찌가 수도 없이 달려 있어요. 아직 익지 않아 푸른 열매였지만요. 또 왼쪽에는 한 그루의 사과나무가 있는데 아직 사과 열매는 안 보이고 꽃만이 잎사귀들 사이에 숨어 있더라구요.

뒤뜰 정원도 마음에 들지만 현관으로 들어서자마자 왼쪽 계단으로 내려가면 큰 홀이 있답니다. 참, 계단으로 내려가려면 바로 앞벽면에 당신이 그린 연꽃 그림 족자가 길게 늘어져 있어서 누구든지 아래층으로 내려가려면 이 그림을 만나야만 내려갈 수밖에 없습니다. 당신이 보면 몹시 행복했을 텐데요.

아래층에서는 간단한 실내악 연주도 할 수 있을 만큼 공간이 넓고, 한켠에서는 애들 첼로 레슨도 할 수 있는 훌륭한 스튜디오도 됩니다.

셋째딸은 상대방 기분은 아랑곳없이 자기 마음대로 결정하고 앞장 서는 건 자기 아빠를 쏙 빼닮았습니다. 나를 데리고 도착한 곳은 매니큐어 가게였습니다. 예정일이 일주일밖에 남지 않은 쳐다보기 민망한 배불때기 월남여인이 나를 침대에 눕힌 다음 가위로 약간 다듬더니 왁스를 묻히고 갑자기 떼는데 따가워서 눈물이 찔끔 날 것 같더군요.

거울에 비춰보니 눈썹이 깔끔하게 정리가 됐습니다. 다음에는 배꼽티를 입은 예쁜 아가씨가 발톱을 선명한 빨강색으로 칠해줬어요. 이곳에서 일하는 일곱 명이나 되는 여인들은 몽땅 월남여인들입니다. 딸이 팁을 많이 주는지 여기저기서 친절 떠느라 난리가 났더군요. 이 여자들 너무 돈 적게 받아서 불쌍하다고 딸이 몇 번이나 되풀이했습니다.

칠십 평생에 처음으로 눈썹 정리에다 발톱까지 칠하는 걸 돈까지 내고 했으니 정말 신기하다는 생각이 듭니다. 딸 덕에 별 짓을 다했습니다. 아들 하나면 뒷방에서 죽고, 둘이면 길가에서 죽고, 딸이 하나면 부엌에서 죽고, 둘이면 비행기 안에서 죽는다는 우스갯소리도 이래서 생기게 된 것 같아요.

옛날에는 유태인들이 했는데 잘 살게 되니까 한국 여자들이 했으며, 한국 사람들이 자리를 잡으니 요즈음은 월남 여자들이 한답니다. 사실 남의 손이나 발을 만지는 게 그리 신나는 직업은 아니지 않아요?

60년대 초 남편이 유학 왔을 때 고생하던 생각이 떠올라 가슴속에는 한 줄기 통증이 머물다 지나갔습니다.

5월 27일(수)

수애씨.

오늘밤은 이곳 솔트레이크시티 다운타운에 있는 아브라베넬(Abravanell Hall) 음악당에 갔습니다. 나는 까만 스커트에 딸이 사준 오렌지 자켓을 걸쳤으며 손자는 블루진에다 밝은 하늘색 티를 받쳐입으니 우리는 정말 멋졌어요. 사람들이 손자보고 배용준이를 닮았다고들 한다는데 듣기에 나쁘지는 않더군요. 할머니마다 자기 손자는 천재이고 누구보다도 뛰어나게 잘생겼다고 착각들을 하는 바보들 아닙니까.

첫 곡은 멘델스존 교향곡 '이탈리아' 제4번이었습니다. 낭만적이고 우아하고 서정적인 음악이죠. 부유한 유태계 가정에서 태어난 멘델스존은 행복한 생활을 했음으로 작품들도 명쾌하고 품위가 있는 낭만주의 곡들이죠.

음악이 진행되는 순간 순간 첼로 파트에 앉아 있는 딸을 자주 바라보았습니다. 일등 손자를 옆에 앉히고 딸을 바라보니 행복감이 가득했습니다. 지휘는 표정만 봐도 소련 사람이란 걸 금방 짐작이 가는 파벨 코겐(Pavel Kogen)이란 사람이고, 협연자는 데니스 맞추에브(Denis matsuev)라는 젊은이였어요. 1975년 시베리아 출생이고 차이코프스키 국제 콩쿨에서 일등은 물론이고, 세계 각 나라에 다니면서 특히 2000년부터 2001년 사이에 110회 이상이나 연주한 정열적인 피아니스트랍니다. 우리나라에도 왔었다는데 나는 처음 만나는 연주자였습니다.

오늘 곡은 우리들 귀에 익은 그리이그의 피아노 협주곡 A단조입니다. 키도 크고 덩치도 대단하니 우선 소리가 깜짝 놀랄 만큼 커서 오케스트라가 쩔쩔매며(?) 좇아간다는 착각도 들었습니다. 테크닉이 완벽해서 소름이 끼치는 것 같았는데, 특히 트릴 부분은 숨을 쉴 수 없이 기가 차는 솜씨였습니다. 그리이그는 북구의 쇼팽이라고까지 부르는 북구적인 색채를 지니며, 화려하고 극적이라 피안의 연주기교를 충분히 발휘할 수 있어서 이 연주자에게는 딱 맞는 곡인 것 같습니다.

피아니스트가 너무 자신만만해서 약간은 우악스런 느낌이 들기도 했으며, 지휘자는 너무 저돌적(?)인 딱딱한 느낌도 들었습니다. 특히 2악장에서는 햇빛이 부드러운 북구의 맑은 가을 하늘이 떠오르는 화려하고 애교를 띤 정서를 보여주는 곡인데, 부드러운 대목에 힘이 들어가 있다는 느낌도 들었어요. 어디까지나 자연스럽고 부드러운 노래가 돼야 되는 건데 말입니다.

휴식시간에 옆에 앉은 할머니가 손자보고 피아노 플레이어냐고 묻더군요. 버지니아라나 어디서 만난 한국 젊은 피아니스트는 너무 재주가 있더라고. 우리가 애기하는 말이 한국어라는 것도 아는 멋쟁이 할머니가 친구와 둘이 앉아서 우아하게 음악을 듣고 앉아 있었어요. 머리부터 발끝까지 너무나 멋지게 차려 입고서.

여긴 음악회에 젊은이들보다 노인들이 많아요.

수애씨.

내가 한국에 돌아가면 우리도 우아하게 차려 입고 음악회에 가보지 않을래요? 당신의 외손녀 봐주지 않는 날로 잡으면 괜찮겠지요? 당신은 내 생각에 선뜻 찬성하리라 믿고 싶은 마음뿐입니다.

2005. ≪서대문문학≫ 제2집

서둘러 피는 노란 꽃들

봄을 알리고 싶은 꽃들 중에 왜 노란색이 먼저 필까요.

산과 들에는 노란 산수유꽃이 남 몰래 조용히 피어오릅니다. 들판에서는 노란 유채꽃이 무리를 지어 바다 물결을 닮아 보려고 합니다. 개나리는 울 안에서 또는 둔덕진 언덕배기에 산울타리로도 심어져서 수양버들처럼 아래로 아래로 늘어지고 있습니다.

서양 사람들은 개나리 가지에 쪼르르 매어달린 꽃이 황금으로 만든 종 같다고 황금종(golden bell)이라고도 부른답니다. 노란 꽃은 또 있습니다. 생강나무꽃이 있나 하면 양지꽃도 있지요.

봄이 온다고 서둘러 피는 노란 꽃들은 보기에는 여린 것 같은데 모두 추위에 강합니다. 추위 날씨 속에서도 매섭게 견뎌내면서 노란색 물감을 터뜨립니다. 노란색은 눈에 잘 띄는 색입니다. 노란색으로 그려진 찻집 중앙선 옆으로는 노란 통학버스가 지나가는 것도 이 때문입니다. 어린이 보호가 가장 중요하다고 아예 교복을 노란색으로 입힌 학교도 있습니다. 학교로 향하는 어린이들은 아름다운 노랑 꽃송이들입니다.

봄에 처음으로 노랑나비를 보면 행운이 온다고 믿고 환자에게도 노란 후리지아나 노란 장미를 선사하는 걸 좋아하고들 있지 않나요. 노란색은 안 좋은 이야기도 많지만 봄 꽃 이야기를 하다가 구태여 마음 상할 일이 있겠습니까.

개나리는 우리나라가 원산지랍니다. 그래서 학명도 Forsythia koreana라고 한답니다. 지금은 고인이 된 어느 학자는 나라꽃을 무궁화가 아닌 개나리로 바꾸자고 한 적도 있다나 봐요.

개나리는 은은한 향기조차 없으며 모양새도 귀하게 생긴 품위 있는 꽃도 못 되는 것 같아요. 그저 순진한 시골 처녀 얼굴을 떠오르게 하는 순수한 꽃이랍니다. 사람이 자연과 더불어 지내는 건 행복합니다. 진달래빛 치마에 개나리색 저고리는 이들 아름다운 꽃들을 품에 안은 가르침입니다.

노란색 꽃들이 지고 나면 신록의 연두빛이 벚나무나 목련에게 부드러운 몸짓을 할 것입니다.

연분홍, 흰색, 자색의 아름다운 색깔들도 어서 보고 싶다고….

2005. 7. ≪수필작가 106인의 7매 수필선≫

빠리에서 쓴 토막일기

빠리 지하철에서

2006년 5월 9일, 미국 휴스톤으로부터 일곱 시간이나 넘게 비행기를 타고 난 뒤 바닥에는 담배꽁초가 널브러져 있는 빠리 드골공원에 내렸다. 셋째딸과 나는 예약된 힐튼호텔로 가기 위해 전철을 한번 탄 다음 다시 갈아타려고 할 때, 바퀴 달린 가방을 먼저 태우고 한 발자국 발판에 발을 올려놓기까지고 그 다음에는 의식을 몽땅 날려버린 채 캄캄한 늪에 빠져버리고 만 것이다.

머리가 욱신욱신 쑤셔대서 눈을 떠보니 병원이다. 왼쪽 침대에는 젊은 청년이 알아듣지 못하는 소리를 지르는가 하면 그 옆에는 내 나이 또래로 보이는 할아버지가 끙끙대며 누워 있다. 응급실 같긴하고 간호사 같은 남녀들이 분주히 뛰어다니며 다른 환자 곁에 가선 뭐라고 얘기하는데 나는 거들떠보지도 않는다.

처음에는 휴스톤 어느 병원이라고 짐작이 갔는데 영어는 한 마디도 들리지 않고 액센트도 활발하게 전혀 못 알아듣는 말만 들리니 빠리에 온 것이라고 다시 고쳐먹는다. 학교 다닐 때 언어학이 전공인 정 선생님께서 세계에서 가장 아름다운 말은 불어와 중국어라면서 리드미컬해서 마치 음악을 듣는 것 같다고 하셨는데, 음악은커녕 듣기 싫어 머리가 더 어지럽다. 진작 프랑스 말을 공부할 걸 하고 후회도 지나간다.

뒷머리가 하도 아파 손바닥으로 만져보니 피가 묻어난다. 지나가는 간호사 아가씨를 손짓으로 부르니 뭐라고 지껄인 다음 붕대를 가지고 와 머리에 대고 둘둘 말아버린다. 보나마나 마치 일선에서 실려온 부상병 꼴 같겠지. 우리 딸은 어디 있느냐니까 밖에 있다고 말하는 것 같은데, 나는 손짓 발짓해가며 내가 알고 있는 영어를 총동원해서 말하는 수밖에 없었다. 우리 딸은 내가 어떻게 해서 여기까지 오게 됐는지 알고 있을 테니, 그 애가 오면 도움이 될 거라고 데려다 달래도 안 된다며 머리를 흔들기만 한다.

뒷머리에 주먹만한 혹은 불거져서 쑤시기만 하니 오른 빰을 베개에 대고 옆으로 누울 수밖에 없다. 이번에는 오른팔까지도 아파와서 왼빰 쪽으로 무게를 보태보니 머리에 두른 붕대가 흘러내려 마치 목에 두른 스카프 꼴이 되어버렸다. 어찌하여 붕대도 감을 줄 모르는 간호사가 있을 수 있는 것일까. 일손이 모자라 미화원 아가씨가 대신 해준 건 아닐까. 할 수 없이 모든 걸 단념하고 눈을 감아버리기로 작정했다.

아무리 기억을 캐내려고 해도 어찌하여 이곳까지 실려오게 됐는지 아무런 장면도 떠오르지 않는다. 내 꼴을 보니 별로 급하게 보이질 않았거나, 내 차례가 안 됐거나 그럴 거라고 얼마 동안 죽치고 있으려고 마음먹었는데 남자 둘이서 내 침대를 끌고 어느 방으로 옮겼다.

거기에는 여자 의사로 보이는 사람이 앉아 있었는데 내겐 한마디 영어 말도 건네지 않고 뭣이라고 간호사에게 지껄이더니 다시 나를 다른 곳으로 데리고 갔다. 무시무시한 뇌전산화단층촬영(CT)도 하고, 가슴 X선 사진도 찍고, 입원실에 옮긴 다음 피는 거짓말 보태서 열 번도 더 빼고, 링거 맞고 난리 중에 난리를 치르는 중이었다.

얼마 있다가 영어가 유창한 의사가 들어오더니 머리 찍은 결과는 아무 이상 없다면서 다만 머리 속에 작은 혹이 하나 있지만 그것도 괜찮다고 한다. 하룻밤을 병원에서 묵으면서 경과를 봐야 된다고 했지만 나는 퇴원을 하고 싶다고 했다. 독방인 것 같은데 전화도 없고 링거를 달아맨 기다란 폴 아래엔 바퀴가 안 달려 한 번 화장실 드나들려면 불편해서 난감했다.

딸이 계산은 어디서 하냐고 물으니 프리라면서 그냥 가라고 한다. 세금을 워낙 많이 걷는다더니 나 같은 여행객까지도 의

료 혜택을 주는 프랑스. 잘난 척할 자격이 있다. X선 사진 찍은 커다란 사진 두 장과 CD로 만든 것도 있다면서 커다란 누런 봉투를 딸 가슴에 안겨준다. 무슨 일이 있으면 언제고 연락해서 다시 병원으로 와야 된다는 당부의 말도 하면서. 멋진 나라에 멋진 의사다. 병원을 나와 택시를 타고 호텔로 오니 살 것 같다.

아까 빠리 공항에서 택시 대신 전철을 타게 된 것도 세계에서 세 번째로 물가가 비싼 곳이 빠리라는 걸 알고 있기 때문에 내가 절약하자고 우겨댄 건 물론이다. 창 밖은 이미 어두울 대로 어두워지고 있었다. 침대에 누우니 바로 창 밖에 보이는 에펠탑으로 보석처럼 반짝이는 별들이 쏟아지고 있는 게 아닌가.

"어떻게 바로 엄마 침대에서 에펠탑을 정면으로 볼 수 있니?"

"내가 부탁했어. 우리 엄마는 아프니까 에펠탑 쪽 방으로 옮겨 달라고."

로댕박물관으로

아침 아홉 시나 돼서 잠이 깼다. 하기야 어젯밤에는 수면제, 혈압약, 당뇨약, 변비약에다 비타민까지 몽땅 한입에 털어넣고 잔 까닭이다. 아침은 고급스럽게 침대 위에서 먹었다. 크로상과 바게트빵, 그리고 커피는 내 평생 이렇게 맛있는 건 처음이다.

유럽 커피는 독한데 맛있다니 엄마는 멋쟁이라고 딸이 추켜세운다. 딸에게 호텔에서 가까운 박물관이 어딘지 지도에서 찾아보라니까, 엄마가 쓰러진 건 바로 어제였다고, 그냥 오늘은 쉬고 내일부터 구경 다니자고 말린다. 정신은 말짱하니 나가자고 몰아세워 간 곳은 로댕박물관이다.

들어서자마자 앞뜰에 세워진 '생각하는 사람'의 조각상이 너무 웅장해서 사람을 기죽게 만드는가 하면 로댕이 일생 동안 추구한 예술적 방향과 고뇌를 말하는 대작 '지옥의 문' 앞에서 어지러워 중심을 잃을 뻔했다. 또라이 엄마는 괜찮으냐고 자꾸만 물었다.

이상하게도 머릿속은 마치 이리저리 출렁이는 물결이 가득한 것 같았다. 어느 방에 들어서니 셀 수 없이 많은 손들이 보였다. 기도하는 손, 불끈 성이 난 손, 사랑에 넘치는 행복한 손 등 숱한 느낌을 말하기도 하고 슬픔을 기쁨으로 승화시키고도 있었다. 불끈 쥔 손은 힘줄 안에 흐르는 피가 어떤 묘한 소리를 내면서 흐르는 것도 같았다.

로댕은 발자크와 위고(Hugo)와 절친해서 그들의 모습을 대작으로 남겼다.

발자크는 목 짧고 배도 나와 몸매가 영 볼품이 없는데 어찌하여 발자크 동상 앞에서 내가 오랫동안 멍하니 서 있었는지 모를 일이다. 위고는 긴 얼굴에 수염도 수염이려니와 너무 멋있게 잘생긴 체격까지도 근육질의 사나이였다. 역시 사람의 아름다움은 옷 한 자락도 걸치지 않은 자연 그대로가 매력의 포인트였다.

"위고는 참 잘생겼었구나."

"엄마는 또 위고에게 반했지. 앰뷸런스 안에서 젊은이보고 뭐 굿룩킹 가이라고 말했더니, 못 알아들으니까 핸섬하다고까지 했지. 기억나?"

"응."

묘하게 잘생긴 남자는… 기억이 되살아난다. 앰뷸런스 밖에서 가방 네 개나 땅에 놓고 서 있던 딸의 모습이 되살아난다. 딸에게 무섭다고 너도 함께 가자고 말했던 게 되살아난다. 딸은 계속해서 내 팔짱을 끼고 있다. 딸이 원하는 대로 벌거벗은 남녀가 숨 막히게 뒤엉킨 '키스'라는 거대한 작품 앞에서 우리는 기념사진 한 장도 찍었다.

루부르박물관, 올세이, 쎄느강

프랑스 사람들의 자존심이 어디서부터 나왔는지 짐작이 간다. 엄청난 문화유산은 물론 나폴레옹 덕이 많은 건 사실이지만서두.

엄청나게 넓고 무섭게 작품이 많으니 어디가 어딘지 아무리 안내 책자를 펴보아도 정신만 산란하다. 먼저 그 유명한 '모나리자' 그림을 보러 갔다. 생각보다 작품은 작은 사이즈다. 사람들이 겹겹이 줄을 서서 나같이 다리에 힘이 빠진 사람은 도무지 엄두를 못내겠다. 겨우 그림 가까이에 다가가서 바라보니 눈의 시력 탓인지, 예술 감상에 한계가 있어 그런지, 무식해서 그런지 도무지 유명한 까닭이 의심스러웠다.

내가 좋아하는 화가는 뭉크다. 불안과 죽음을 안으로 응시하는 고독한 작품들이 보고 싶다. 요즈음도 나는 가끔 '절규'라는 그림이 박힌 까만 티셔츠를 입고 다니기도 한다. 안내책자에는 분명히 있는데 뭉크는 찾지 못했다. 어지럽고 다리는 힘이 빠져 헛디딜 것 같아 단념하고 말았다.

이루어질지 모르는 일이지만 오슬로 미술관에 가서 뭉크와 만나고 싶다. 우리 딸은 루벤스 그림을 좋아하고 있었다. 가슴이 섬짓한 게 숨이 멎는 것 같은 느낌은 고흐 작품 앞에서다. 화가 인생 십년 동안 800점 이상이나 그린 정열적인 화가로 권총 자살로 생을 마감한 사람. 고흐 '초상화' 앞에서 나는 혼자 기념사진 한 장을 찍었다. 모네, 세잔느, 드가 등은 그저 수박 겉핥기식으로 지나쳤을 뿐이다.

"엄마는 지하철에서 왜 넘어졌는지 알겠어?"

"왜 넘어졌는데?"

"오른쪽 팔이 많이 아픈 걸 보니 어깨에 멘 가방을 누가 뺏으려는 순간 뒤로 자빠진 거야."

엄마를 부르며 아무리 흔들어도 눈만 감은 채 대답이 없었단다. 딸이 얼마나 앞이 캄캄했을까.

돌아오는 길에 쁘렝땅 백화점에 들려 남편의 반팔 남방 하나를 골랐다. 자그마치 235유로, 우리 돈으로 삼십만 원이나 된다.

디자이너의 작품이라는데 어떻게 읽는지 모르지만 목 뒤엔 이런 표시가 있다. 'LE JEAN DE MARITHE+FRANCOIS GIRBAUD'

바탕은 베이지 톤인데 큼직한 흰 꽃도 있고, 엷은 자주색의 작은 꽃이 있나 하면, 적당히 까만색으로 먹물을 묻힌 듯 붓으로 이곳저곳 생각날 때마다 덧칠을 한 것 같다. 단추는 다섯 개인데, 맨 아래 그러니까 다섯 번째 단추 구멍에는 바래버린 회색빛 천으로 마치 벨트처럼 허리께를 빙 둘렀다.

호텔에 돌아와서 보니 왼쪽 가슴에 있어야 할 주머니가 안쪽에 붙어 있지 않은가. 곧 딸이 전화를 했는데 이 사람 저 사람 바꿔가며 얘기했지만 점원들이 몽땅 영어를 못 알아들어 속이 몹시 탔다.

"엄마, 뭣이 그리 속상하다는 거야. 살아난 것만으로도 행복한 거지. 하마터면 발자크 무덤 옆에 누울 뻔했지 뭐야. 아빠 선물은 내일 바꾸든지 환불하지 뭐."

셋째딸은 선도 볼 필요도 없다더니 그렇다. 딸 말이 맞고 말고.

'그래, 엄마는 지금 행복하다. 너 같은 착한 딸을 둬서.'

다음날 쁘렝땅 백화점에는 주머니를 안쪽에 대고 박은 남방이 대여섯 개나 쭈욱 걸려 있었다. 튀는 패션.

세느강에서 배를 탔다. 오월 강바람이 시원하게 뺨을 스친다. 예쁘게 생긴 아가씨가 프랑스말로 안내를 한다. 나는 영어와 일어 실력이 비슷하게 낙제 점수라 두 나라 말을 번갈아가며 귀에 대고 들었다. 바그너도 살았었고, 헤밍웨이도 살았었다는 강가도 지나고, 노틀담 사원도 왼쪽에 보였다. 몇 해 전 돌아가신 정 선생님이 갑자기 떠올랐다. 아폴리네르의 〈미라보다리〉를 프랑스어로 줄줄 외우셨던 멋지셨던 분.

미라보 다리 밑에 세느강은 흐른다.
그리고 우리의 사랑도 지나간다.
나는 생각해내야겠다.
기쁨은 항상 고통 뒤에 왔음을
밤이여 오라, 종이여 울려라
세월은 가고 나는 머물러 있다.

에펠탑

캄캄한 밤에 예쁜 보석 같은 별빛을 받으면서 에펠탑에 올라가고 싶었지만 아침 일찍이 에펠탑으로 갔다. 기다리는 줄도 너무 길어 끔찍하려니와 밤에는 위험이 뒤따를 것 같아 겁도 나기 때문이었다. 아니나 다를까, 엘리베이터를 타자마자 눈에 띄는 건 빙 둘러 소매치기 주의하라는 표시만 눈에 들어왔다.

열 명 남짓 태우고 일층에서 이층, 그리고 삼층으로 올라가게 됐는데, 내가 원해서 우리는 삼층 표를 샀다. 밝은 낮이라 그런지 지상에서 높이 올라가 빠리 시내를 내려다보는 것뿐

별다른 맛은 없었다. 날이 밝자 침대에 누운 채 올려다보면 엘리베이터는 오렌지빛 장난감 자동차가 내려오는 게 보이다가 이층에서 멎고 왼쪽에서는 장난감 자동차가 내려오는 게 보이다가 이층에서 멎고 왼쪽에서는 장난감 자동차가 내려오는 게 보이다가 이층에서 멎고 왼쪽에서는 회색빛 꼬마 자동차가 올라가고 있었다.

캄캄한 밤에는 반짝이는 별빛 레이스 가운을 온몸에 걸친 에펠탑이었는데 막상 타 보니 장난감 자동차도 아니고 별빛 가운도 아니었다. 하기야 밝은 낮에는 미운 것도 보이지만 세상이 캄캄한 밤이면 모든 게 아름답게만 보일 뿐이니까.

에펠탑에서 내려와 조그만 포장마차에서 바나나의 초콜릿이 흠뻑 든 크레이프 맛이 천하일품.

딸이 또 다시 팔짱을 낀 채 "엄마가 이런 말도 했어. 절대로 수술은 안 하겠다고."

나는 머리를 가로 저었다.

"지하철에서 들것에 눕혀 올라오는데 갑자기 엄마가 깔깔 웃었던 건 기억나?"

나는 대답 대신 두 눈을 감아버렸다.

이리저리 대책 없이 토막이 난 기억들 때문에 답답하고 슬그머니 겁이 난다. 과연 살아난 일이 잘 된 건지 아닌지도 판단이 서지 않을 뿐이다.

2006. 〈에세이문학〉 가을

덕혜옹주를 아시나요

다다미에 등을 대고 누웠다.

대체 다다미방에서 잠을 자본 게 몇 해만인가. 이렇게 다다미 위에 누운 채로 파도에 떠밀려 마치 배영이나 하듯 뒷걸음을 쳐가며 멀리 추억 속으로 잠기고 싶다.

부산에서 짧게는 1시간 30분밖에 안 걸리는 여기는 일본 땅 대마도(쓰시마)라는 섬. 사학자는 못 되지만 아무리 생각해도 이 섬은 우리 땅이었을 거라고 여겨진다.

옛날이나 지금이나 우리나라 사람들은 눈치 없이 어수룩하고 착하기만 하니 지금도 일본사람들이 독도는 자기네 땅이라고 우겨대며 우리 오장육부를 들쑤시는 게 아닐까. 하필 여기 와서 옛날 외가 집이 떠오르는 건 또 무슨 까닭인지 모를 일이다.

을지로 2가 중앙극장 건너편엔 내리닫이로 〈고려초자〉라고 쓴 나무간판이 걸린 옛날 일본 집이 있었다. 아래층에는 다다미방이 하나고 삐걱거리는 나무 계단으로 올라가면 양편에 하나씩 다다미방이 있었는데 왼쪽 방은 6 · 25동란 때 폭격으로 지붕이 망가져 버려 비가 오면 다다미 위에 대야와 양푼 등을 갖다 놓는가 하면 비가 개인 날에도 다다미 속이 썩어 있어서 늘 퀴퀴한 냄새가 진동을 했다. 8 · 15해방 후 학교에 입학한 나는 외삼촌네를 일부러 들르곤 했다. 오른편 다다미방에 들어가 몰래 훔쳐보는 물건들이 있어서 큰 재미가 있었기 때문이다. 너무 두꺼워서 두 손으로 들기에도 부담이 되는 사진 앨범은 외삼촌이 일본 유학시절 애인과 찍은 사진들로 가득했다. 얼굴은 말상이라 부드럽지도 않아 예쁘게 생기지는 않았지만 귀 밑까지 올라간 짧은 단발머리에 굵은 검은 뿔테 안경을 걸친 여인은 너무나 멋지게 보였다. 친구들과 찍은 사진들도 있었는데 그 중에는 그 유명한 무용가 최승희 씨와 함께 찍은 사진도 있었다. 그 시절에는 짧은 단발머리가 유행이었는지 외삼촌 애인과 최승희 씨 머리는 똑같은 짧은 생머리였다. 외삼촌네 다다미방에는 애절한 편지 뭉치도 있었다. 함박눈이 쏟아지는 서울을 떠나 기차를 타고 만주 땅을 달리면서 정거장마다의 풍경과 그때그때 심경을 토해놓은 편지를 훔쳐 읽는 게 나의 큰 취미거리였으니까. 종서로 내려 쓴 글씨체는 명필이었고 문장도 명문 그 자체였다. 그 때 한 통 훔쳐 와서 간직

할 걸 그랬다고 후회도 된다. 편지 끝에는 늘 명해明海라고 적혀 있었다. 본명은 윤xx라고 들은 것 같은데. 헤어진 애인을 사랑하는 마음이 내 가슴을 아프게 적셔 와서 눈물까지 흘리곤 했다. 풍문에는 외삼촌과 열열히 사랑하던 때 다른 남자와 몸을 섞은 게 들통 났다고 한다. 그때 외삼촌 태도는 어찌됐을지는 잘 모르겠지만 헤어지게 된 건 사실이었다. 후에 외삼촌은 민비의 손녀딸인 양반 집 규수와 결혼까지 해버렸다. 내 짐작으로 명해라는 여인은 외삼촌보다 더 똑똑하고 대단한 여인이었던 것 같다. 북녘으로 떠났으니 그곳에 가서도 대단한 출세를 했을 것 같은데 반 세기가 지나 거의 한 세기가 가까워 오는데 아무런 풍문도 듣지 못하고 말았다. 자살이라도 해 버린 것일까.

외삼촌이 세상을 뜬 지도 너무 오래 전 일이라. 다 그저 가물가물할 뿐이다.

〈李王家 宗伯爵家 御結婚奉祝記念碑〉 앞에 섰다. 4월이라 비석 주위에는 벚꽃들이 활짝 폈는데도 내 가슴은 싸늘한 겨울이다.

싸워 보지도 못한 채 나라를 빼앗긴 구한말의 황족 고종이 60세가 되던 해 후궁 복녕당 양씨 사이에서 얻은 고명딸인 덕혜옹주德惠翁主의 결혼 기념비다. 중전 몸도 아닌 후궁의 몸에서 태어났기에 공주도 못되고 옹주라는 칭호를 받게 되면서부터 불행 덩어리를 가슴에 품고 세상에 태어난 것이다.

7세 때 고종이 승하하였고 11세 되던 해 황족은 일본에서 교육시켜야 된다며 일본으로 끌려가게 된다. 이역만리에서 낯선 생활과 어머니에 대한 그리움을 견디지 못한 옹주는 신경쇠약에 빠지고 말았다. 17세 때 어머니 양 귀인마저 숨진 충격으로 더욱 병세가 심해졌다. 뭐라더라? 조발성치매라는 진단이 내렸다고 한다. 병세가 약간 호전되자 일본황태후 사다꼬의 간계로 19세 된 옹주를 도쿄에서 쓰시마 번주의 아들인 종무지宗武志백작과 정략결혼을 시켜 이듬해 8월 14일엔 딸 정혜(마사에, 正惠)를 낳았으나 지병이 악화되어 종무지에게 버림받고 말았는데 일본이 정략적으로 결혼시키기 위해 형식상 작위를 준 것이라고도 한다. 남편의 덕혜옹주에 대한 구박과 학대 폭력이 심했다고도 한다. 딸 정혜마저도 결혼에 실패하여 행방불명이 되고 말았는데 아직까지도 자세한 내막은 아무도 모르고 있으며 궁금해하는 사람 한 명도 없게 되고 아픈 세월만 흐르고 또 흐르고 있을 뿐이다. 현해탄에 몸을 던졌다고도 하고 혹은 살해당한 것으로 알려지고만 있다.

박정희 전 대통령이 일본에 갔을 때 덕혜옹주의 사연을 듣고는 그런 사람이 있었냐고 할 정도로 덕혜옹주는 고국에서 관심받지 못했으니 너무나 부끄럽고 죄스럽기까지 하다.

해방 후 고국에 돌아오려 하지만 정부의 소극적인 자세로 못 오고 37년만인 1962년 50세가 돼서야 병약한 몸을 이끌고 돌아왔다. 의민태자비 이방자 일가와 유모 변복동여사와 함께 창덕궁에서 지내다가 노환으로 77세에 뼈아프게 슬픈 생애를 마감했다고 한다.

덕혜옹주는 일기라도 쓰지 않았을까 그날 그날 참기 힘들었던 일을 일기로 썼다면 얼마나 좋았을까. 훌륭한 장편소설감이라도 됨직하련만….

덕혜옹주의 무덤은 아버지 고종황제의 능소인 홍능 뒤에 있다니 꼭 한번 찾아 가서 조용히 위로해 드리고 싶다.

2008. ≪수필실험≫ 제3호

나무 좀(Wood Worm)

오늘은 누군가가 나의 집을 보러 올 것 같습니다. 나의 집은 속이 텅 비어 있어서 넓은 편이라 지내기에는 불편이 없습니다.

거실 한 편에는 연주용은 채 못 되지만 자그마한 그랜드 피아노가 놓여 있어요. 그 피아노 왼쪽 벽 쪽에 나의 집이 세워져 있습니다. 나의 집은 하얀 칠을 한 옷을 입은 까닭으로 약간은 섬뜩한 느낌도 들지만 튼튼하게 보이는 케이스를 열어 보면 아주 잘 생긴 밤색 첼로가 들어 있답니다.

바로 이 첼로 속이 나의 집입니다. 뭐 이 튼튼한 첼로 케이스 위론 트럭이 지나 간다 해도 망가지지 않는다는 아주 비싼 물건이라나 봐요. 이 도시에서 저 도시로 하늘 위로 날고 바다도 건너면서 먼 나라로도 여행을 많이 해대서 여기저기 흠집이 많이 생겨 만신창이가 돼버린 겉모습입니다. 얼핏 보기에도 좀 안됐다는 느낌도 지나갑니다.

해마다 장마철이 되면 비가 많이 내렸지만 금년 여름은 정말이지 지겹게도 두 달도 넘게 끈질긴 비가 쏟아 부었습니다. 세상에서 살고 싶어하는 뭇 생명체는 촉촉한 물기를 애타게 찾습니다.

언제였던가. 영화배우 얼굴에 촉촉한 물기가 비친 화면을 보는 순간 온몸이 저려왔어요. 참 잘 생긴 남자 배우였거든요. 집안이 몹시 건조할 때가 있어요. 피아노 밑에는 물이 가득 담겨 있는 놋대야가 놓여 있습니다. 나무가 너무 건조해지면 중요한 소리를 내는 공명판도 금이 가고 갈라지면 소리고 뭐고 끝장이 나는 거지요. 반대로 장마철에는 놋대야 물도 비우고 나도 바깥세상으로 나가 맑은 바람을 쏘이기도 한답니다.

악기 속이 비어 있어야 아름다운 소리가 울리는 건 누구나 아는 얘기지만 악기가 좋지 않아도 명연주자 손에 들어가면 믿기 힘들만치 깜짝 놀랄 아름다운 소리로 바뀐다고 합니다. 연주자에 따라 악기소리도 달라진다지만 어디 유명한 스트라디바리나 과다니니 같은 악기 얘기가 나오면 그냥 입을 다물 수밖에 없지요. 제작한 지 몇 년이나 지난 건지 모르겠지만 나의 집은 꽤 오래된 것 같습니다. 누가 거들떠보지도 않았으니 나는 아무런 소리도 들어 본 일이 없지요.

이 첼로는 이태리 크레모나(Cremona)지방에서 만든 악기라고 들었어요.

까닭은 잘 모르겠지만 왜 현악기는 이태리 제품이 가장 아름다운 소리를 내는지요.

나무의 재질도 뛰어나야 되겠지만 제작자의 천부적인 귀와 손재주를 가지고 있어야 되겠지요. 스트라디바리의 천재적인 유전자가 대를 이어 장인 일가를 이룬 걸 봐서 말입니다.

누군가가 방문을 했습니다. 내 집을 여기저기 꼼꼼히 살피더니 활로 줄을 그어댔어요. 나는 무서워서 가슴이 울렁대기 시작했어요. 진정할 사이도 없이 이번에는 피치카토를 튕기는 거예요.

나는 다만 단백질을 맛있어 할 뿐이고 서늘하면서도 촉촉한 곳에 있으면 편안해서 행복할 뿐이랍니다.

공연히 이런 생각도 해 봅니다.

여자들의 엉덩이춤 말이어요. 트위스트도 좋고 밸리 댄스도 그렇지요. 온몸을 사시나무 떨듯이 흔들어 대면서 돌리고 또 돌리면 누구나 짜릿한 감동을 받습니다. 여자들의 엉덩이 속에는 신비함이 숨어 있기 때문이죠.

찾아온 누군가는 하얀 케이스 속에 나를 넣고 잠궈버렸습니다.

나의 집 안쪽엔 '나무 좀'인 내가 생겨서 급히 약물처리로 나를 없애버려야만 됩니다.

세상만사는 뼈아픈 희생을 거치지 않고는 좋은 결과를 이룰 수 없다고들 하지요.

나를 없앤 다음 내 집 바깥에 매끈한 칠을 한 뒤에는 어느 명연주자가 아름다운 소리를 멀리 더 멀리까지 울리겠지요….

2009. ≪수필실험≫ 창간호

압살라

캄보디아라고 불리는 나라.

앙코르 와트에 들른 기념으로 장만한 단 하나의 물건. 보라색 실크 바탕 위에 금빛으로 짜 놓은 압살라들이 춤을 추고 있다. 식탁보 위에 눌러 놓은 두꺼운 유리를 헤치면서 사뿐사뿐 춤을 추며 내게 다가오는 착각마저 든다.

앙코르 와트를 떠나기 전날 밤 어느 식당에서 압살라 춤을 보았다. 얼굴 길이의 세 배나 넘을 만치 긴 모자와 목걸이 팔찌 등 온통 금빛으로 화려한 장식들을 하고 있는 무희들은 얼굴은 까무잡잡하고 키는 자그마하면서 맨발이었다. 압살라들은 가늘게 내리깐 눈빛에다 순진한 표정인데 비틀고 당기고 뒤집으면서도 아주 느린 춤사위였다.

앙코르 와트 유적지에는 압살라 부조가 수천수만 개나 있다지만 제각각 조각기법이 달라 같은 이미지의 여인상은 하나도 없다는 게 특징이란다.

동서고금을 막론하고 여인들은 부러질 듯 가는 허리가 미인의 필수조건인가 보다. 잠시 입 안이 씁쓸해 오며 가슴속 어디쯤이 아파오는 것 같다. 결혼할 때 24이던 허리가 지금은 34. 자그마치 오 남매를 남편에게 선사해버린 뒤에 일어난 일이다. 압살라는 신과 악마가 불로의 감로수를 얻기 위해 우유의 바다를 일천 년간 휘저을 때 그 우유의 바다에서 탄생한 천상의 요정이며 춤을 추는 무용수이며 시녀인 셈이란다.

압살라의 젖가슴은 마치 어깨 근처까지 올라붙어 있으면서 건드리면 터질 것만 같은 탱탱한 매력이다. 금발 여인의 누드 영상이 잠깐 스쳐간다. 비디오 아티스트 구보다 시게코의 작품 속 여인도 어깨 근처까지 올라붙은 매혹적인 젖가슴이었다.

앙코르 와트의 건축물들은 샅샅이 살펴보아도 단 1평방 센티미터의 여백을 찾아 볼 수 없다. 평생 여백의 미에 푹 빠져 있는 나 같은 사람은 영 바보가 되는 듯도 싶다. 장식할 공간이 사라질 때까지 조각칼을 움직였을 테니 숨이 막힐 것 같다. 재료가 돌인지 나무인지 흙인지 통 짐작이 안 간다. 벽면에 다가가 손톱으로 조심스레 눌러보니 그저 딱딱할 뿐인데 순간 쇠붙이 같다는 느낌도 든다. 쇠붙이는 따스함도 전할 줄 아는 물건인데 말이다. 세계 7대 불가사의 중 하나인 앙코르 와트는 정글 속에 묻혀 있던 보석박물관이다.

캄보디아는 90년 동안 프랑스 식민지(1863~1953)였으며 12세기 후반(1113~1150) 수라야 바르만 2세 때 건축했단다. 캄보디아 사람들은 지금은 몹시 가난하지만 무섭도록 장엄하고 정교한 지혜와 기술을 가진 조상의 후예들인 게 분명하다. 태국과 베트남 그 밖의 여러 나라 틈에서 숱한 전란을 겪으면서도 앙코르 와트가 있기에 캄보디아는 무서운 자존심의 나라다.

앙리 무오라는 사람이 앙코르를 방문한 건 1860년이었다. 정경, 풍습, 동식물 그리고 자신의 느낌을 자세히 기록했지만 그 자료를 들고 자기 나라로 돌아가지 못하고 탐험가답게 으스스한 밀림 속에서 장렬하게 생을 마감했다고 한다.

앙드레 말로는 프랑스의 유명한 소설가, 행동주의 문학가이자 프랑스 문화부 장관까지 지낸 인물이다. 반띠아 쓰레이(여자의 성)는 크메르의 보석이라 일컫는다.

'반띠아 쓰레이'라는 도굴현장을 소설이라는 틀을 빌어 생생하게 전한다. 앙드레 말로 역시 그 현장에 있었던 건 사실이란다. 사원의 핵심 조각품인 무희상(압살라)의 주요 조각 몇 점을 밀반출했다. 그렇지만 프놈펜에 도착하는 즉시 프랑스 인도차이나 총독부에 의해 불구속 기소(23세 때)되었다. 골동품 불법 밀반출혐의로 기소되었지만 6개월 뒤 말로는 실형을 받고 아내 클라라 말로는 프랑스로 돌아가 문인들에게 구명운동을 해서 집행유예로 풀려났고 압수된 유품은 국가에 환수되었다고 한다.

구명운동에 참여했던 대표적인 문인 앙드레 지드, 모리악, 아라공 등은 말로의 행위에 우호적이었단다. 말로의 구출 서명 운동에 적극적으로 참여했던 모리악은 뒷날 이렇게 회고하기도 했단다. "프랑스 사회는 참 이상한 성격을 지니고 있다. 재능 앞에는 무조건 모자를 벗는다. 그가 설사 조국 프랑스에 비수를 겨누는 한이 있더라도." 현재 대영 박물관과 루브르 박물관을 어마어마하게 장식하고 있는 찬란한 유물들의 출처와 유입경로는 공개된 비밀이 아닌가.

배고프고 무지하고 무식해서 보물을 마구 팔아버린 우리네 과거가 떠오르는데 과연 우리는 다른 나라 보물 몇 점이나 우리 박물관에 전시돼 있기나 한지 궁금하고 답답할 뿐이다.

앙드레 말로가 1930년 스물아홉에 발표한 소설 ≪왕도의 길≫이 떠오른다.

……첫 번째 떼어낸 조각 인물상을 보는 순간 형용할 수 없는 감사의 느낌이 솟구쳤다. 그는 떨어진 돌 때문에 갑자기 자신의 숲, 사원 그리고 주변의 모든 것과 하나가 되는 느낌을 받았다. 그는 서로 포개져 있던 세 조각의 돌덩어리를 생각해 보았다. 두 명의 춤추는 소녀(압살라)는 그가 본 예술품 중 가장 순수한 것이었다. 이제 그것들을 수레에 싣는 일만 남았다…….

앙코르 와트에 다시 가고 싶다.

섭씨 37도나 되는 푹푹 찌는 한증막이면 어떤가. 눈이 짓무르더라도 가서 샅샅이 뒤져 보고 싶다. 그 곳은 방문이 아니고 탐사요 아름다운 산천초목을 관람하는 곳이 아닌 깊고 깊은 사색을 하게 되는 곳이기 때문이다.

2009. ≪좋은수필≫ 가을호

■ 연보

• 약력

1933년	7월 5일 서울 종로구 계동 61번지에서 아버지 海悟 金觀鎬, 어머니 金采基의 차녀로 태어남 (선친의 원적은 江原道 金化郡 通口面 寶幕里 603番地임).
1940년~1946년	서울 숭인초등학교 입학과 졸업.
1946년~1952년	숙명여자중 · 고등학교 입학과 졸업.
1953년	두 살 위인 明源언니가 하늘나라로 떠난 다음 장녀로 행세.
1955년	10월 단편소설 ≪불안한 위치≫ (문학예술, 1955년 10월호) 초회추천.
1957년	11월 단편소설 ≪여인가족≫로 천료 문단데뷔 (문학예술, 1957년 11월호)
1958년	3월 중앙대학교 문리과대학 국어문학과 졸업(9회)
1958년	5월 18일 황선철과 결혼
1959년	10월 27일 장녀 일순(一淳) 태어남.
1961년	10월 29일 차녀 현순(玄淳) 태어남.
1962년	유학 중인 남편 따라 도미.
1964년	1월 27일 삼녀 백순(白淳) 캘리포니아주 쌘디에고에서 태어남.
1965년	8월 8일 사녀 미순(美淳) 캘리포니아주 쌘디에고에서 태어남.

1967년 귀국.
1968년 10월 1일 장남 재순(載淳) 태어남.
1991년 수필 ≪정거장 소묘≫ (수필공원 가을호)로 천료.

• 문단활동

한국문인협회 회원
한국여성문학인회 회원
수필동인 양재회 회원

• 수필집

≪오늘 아침엔 엘가를 듣고 싶다≫(1998년)
≪하얀 사다새들은 발레리나처럼≫ (2002년)
≪토마스라는 기차≫ (2008년)

현대수필가 100인선 · 76
김성원 수필선

버리고 또 버리고

초판인쇄 | 2010년 11월 25일
초판발행 | 2010년 11월 30일

지은이 | 김 성 원
펴낸이 | 서 정 환
펴낸곳 | 좋은수필사

주 소 | 서울시 종로구 익선동 30-6
운현신화타워 빌딩 3층 305호
전 화 | 02)3675-5635, 063)275-4000
등 록 | 1984년 8월 17일 제28호
홈페이지 | http://www.shinapub.com
e-mail | essay321@hanmail.net

값 7,000원

ISBN 978-89-5925-345-6 04810
ISBN 978-89-5925-247-3 (전 100권)

* 저자와 협의하여 인지는 생략합니다.

* 잘못된 책은 바꿔 드립니다.